Salzige Spurensuche

Chiemgau-Autoren e.V.

© 2024 Chiemgau-Autoren e. V.

Redaktion: Sybille Trapp

Lektorat: Gudrun Bielenski, Ralph-Peter Crimmann, Uta Grabmüller

Layout, Coverfoto und Covergestaltung: Reinhold Schneider

Verlag: BoD · Books on Demand GmbH, In de Tarpen 42, 22848 Norderstedt

Druck: Libri Plureos GmbH, Friedensallee 273, 22763 Hamburg

Gedruckt in Deutschland

Bibliografische Information der Deutschen Nationalbibliothek:

Die Deutsche Nationalbibliothek verzeichnet diese Publikation in der Deutschen Nationalbibliografie; detaillierte bibliografische Daten sind im Internet unter http://dnb.dnb.de abrufbar.

ISBN: 978-3-7597-9961-6

Der Druck dieses Werks erfolgte mit freundlicher Unterstützung des Landratsamts Traunstein

Das Cover Bild zeigt die Stirnseite einer sogenannten Deichel, ausgestellt auf dem Soleleitungsweg in Ramsau bei Berchtesgaden. Ab 1817 wurde durch diese, mit Stahlringen verbundenen, durchgebohrten Baumstämme, Sole vom Salzbergwerk Berchtesgaden zur Saline nach Bad Reichenhall geleitet.

Salzige Spurensuche

Herausgeber:

Chiemgau-Autoren e.V.

Inhaltsverzeichnis

Vorwort

Liebe Leserin, lieber Leser,

Salz, das „weiße Gold", ist seit jeher ein wichtiges Element für uns Menschen, sicherte es doch jenen, die darüber verfügten, immensen Reichtum und Macht. Auch im Chiemgau und in den angrenzenden Regionen in Bayern und Österreich waren Salzgewinnung und Salzhandel jahrhundertelang ein bedeutender Wirtschaftsfaktor. An vielen Stellen unseres „Salzreichs" stößt man noch heutzutage auf zahlreiche Zeugnisse der Salzproduktion wie zum Beispiel Soleleitungen, Salinen, Pumpanlagen und andere Wunderwerke der Ingenieurskunst wie feinmechanische Geräte, die man zusammen mit allem, was zur frühindustriellen Salzproduktion nötig war, in den der „Salzkultur" gewidmeten Museen bestaunen kann.

SALZ REICH lautet dieses Jahr das Motto der Chiemgauer Kulturtage, zu denen der Verein der Chiemgau-Autoren e. V. mit diesem Band unserer Anthologie-Reihe einen Beitrag leisten möchte. In den ersten Monaten des Jahres 2024 begaben sich insgesamt 25 Autorinnen und Autoren auf ihre literarische Suche nach Spuren des „weißen Goldes". Dabei gingen sie sowohl realen als auch fiktiven Spuren nach oder machten gar eine Zeitreise in die Blütezeit der heimischen Salzwirtschaft. Über ihre Erlebnisse, Eindrücke und Gedanken verfassten sie Textminiaturen, zum Teil in Mundart. Zehn Autorinnen und Autoren machten sich gemeinsam auf die Spurensuche. Aus ihrer „Reise zum weißen Gold" entstand ein Kettengedicht nach japanischem Vorbild.

Die Texte dieses Sammelbands finden Sie in sechs Kapiteln unterteilt:

Salzige Spurensuche

- in den vier Elementen
- in unserem Menschsein
- in unserem Alltag
- in unserer Sprache
- in der Geschichte unseres SALZ REICHs
- auf der Reise zum weißen Gold

Begleiten Sie die Autorinnen und Autoren des Vereins der Chiemgau-Autoren auf ihrer literarischen Reise durch das Reich des „weißen Goldes"!

Noch ein Hinweis: In einer weiteren literarischen Form hat sich der Verein mit dem Thema SALZ REICH befasst. Er hat nämlich ein Theaterexperiment gewagt: Im Mittelpunkt stehen, von ihm selbst und von ungewöhnlichen Wesen erzählt, Leben und Werk Georg von Reichenbachs. Damit will der Verein ein neues Publikum für Literatur und kulturelle Informationsvermittlung gewinnen. Uraufführung: 5.10.2024 im Museum „Salz und Moor", Grassau. Fortsetzung folgt!

Sybille Trapp, September 2024

Salzige Spurensuche in den vier Elementen

Karges Leben

Georg Berghammer

Aus den Tiefen der Meere
im Herzen des Vulkans
emporgetragen
zu den Gipfeln der Berge
Glühend heiße Lava
fließend und erstarrt
umhüllt vom Salz der Erde
zwischen nacktem Felsgestein
sprießt zart und hoffnungsvoll
ein Blümchen – schön wie Edelweiß

Ein Sandkorn geht auf Reisen

Reinhold Schneider

Ein Sandkorn auf die Reise ging, erhob sich in die Lüfte,
der Wind aus der Sahara blies zum Korn empor, die Düfte
der Gräser, die in großer Zahl die Täler reich verzierten,
fürs Sandkorn war's ein köstlich Mahl, den Hunger sie halbierten.

Duftgestärkt mit frischer Brise, in des Aufwinds starkem Sog,
saust das Korn empor, präzise, keine Miene es verzog.

Plötzlich ändert sich die Szene, Blitze zucken, Donner grollen,
heulend singen die Sirenen, so als ob die Götter schmollen.

Gegen Abend wird es stiller, Dämmerung und Mondenschein
dominieren das Geschehen, friedlich bricht die Nacht herein.

Als der Morgen lautlos gähnend sich in seinem Bette aalt,
tiefes Blau des Toten Meeres freudig ihm entgegen strahlt.

Als das Sandkorn dieser Farben wird gewahr in ihrer Pracht,
Ganz verzückt, ohne zu darben, es hurtig auf den Weg sich macht.

Sinkt im Gleitflug rasch hernieder, leuchtend Blau weist ihm den Weg,
Wärme strömt in seine Glieder auf dem Weg zum Landungssteg.

Fast geschafft, hört es die Stimme, klingend wie „komm doch mal her",
fragend hält das Sandkorn inne, kommt die Stimme aus dem Meer?

Noch im Landeanflug schwebend hört es neu der Stimme Klang,
freundlich klingt sie, weiblich, gebend, so, als wär es ein Empfang.

Also steuert es im Gleitflug erst mal auf die Stimme zu,
plumps, da war es schon gelandet, winkt ihm jetzt ein Rendezvous?

„Hinter dir", ertönt es leise, und das Sandkorn dreht sich um,
spürt das Ende seiner Reise mit dem ganzen Drumherum.

Glitzernd hell liegt in der Sonne, direkt vor ihm auf dem Strand,
ein Kristall, strahlend vor Wonne, in dem heißen Wüstensand.

Magisch fühlt es sich gezogen in das gleißend helle Licht,
fragt sich, ob es ihm gewogen, und schaut in sein Angesicht.

„Komm in meine Arme", spricht es, „ich bin Salzi, wer bist du?
„Ich bin Sandi", sagt das Sandkorn und eilt dann auf Salzi zu.

Eng umschlungen sind die Beiden, Sandi denkt, „was ich hier tu?,
ich bin wirklich zu beneiden", ringsherum ist tiefe Ruh.

Plötzlich springt ein Wassertröpfchen über auf das glücklich Paar,
nass wird sofort Sandis Zöpfchen und auch Salzis dichtes Haar.

Noch ein Tröpfchen, Salzis Hülle, sie zerfließt an Sandis Leib,
eingehüllt von Salzis Fülle, wird ihm feucht von diesem Weib.

Tiefer dringt das salzig Wasser in den Körper Sandis ein,
so wird dieser nass und nasser, ist jedoch nicht mehr allein.

Aufgelöst und eingesogen sind die beiden nun vereint,
unzertrennlich, ungelogen, bis die Sonne wieder scheint.

Sandi wird dann wieder trocken, Salzi duftet aus ihm raus,
hängen bleiben ihre Locken in Form von Salz auf seiner Haut.

Der nächste Sturm, er kommt bestimmt, nach dunkler Nacht kommt immer
Licht,
wenn Sandi seine Segel trimmt, beginnt von vorne die Geschicht.

Die Namenlose

Uta Grabmüller

Zur Salzsäule erstarrt war sie, so sagt es die Überlieferung über Lots Frau.

Sie hatte sich einem Befehl widersetzt.

Sie wollte nachschauen, prüfen, erkennen.

Sie drehte sich einfach nur um.

Sie ging nicht mit ihrer Familie mit.

Wäre sie mitgegangen, hätte sie die tragische Geschichte miterlebt, in die ihre Familie verstrickt war.

Ihr Mann und ihre beiden Töchter.

Ihnen widerfuhr Entsetzliches.

Haben sie selbst das Geschehen herausgefordert?

Wer war schuld?

Warum ging sie nicht mit?

Wer war sie: Lots Frau?

Löste sie sich wieder aus der Erstarrung? Wurde das Salz zur Sole?

Was wurde aus ihr, der Namenlosen?

Tractatus logico hebraicus

Ralph P. Crimmann

1. Lots Frau, als sie sich zurückwendet, erstarrt zur Salzsäule.

1.1 Wer ist Lots Frau? Sie wird nicht mit ihrem Namen genannt. Sie wird nur als Lots Frau identifiziert.

1.2 Wer ist Lot? Es ist der Neffe Abrahams.

1. 3 Wer ist Abraham? Er war der Sohn Terachs.

1.3.1 Wer ist der Bruder Abrahams? Sein Name lautet Haran. Dessen Sohn ist Lot, folglich Abrahams Neffe.

1.3.2 Was verbindet Abraham und Lot über die bloße Verwandtschaft hinaus? Sie haben beide große Herden, sind Nomadenführer und pflegen einen freundschaftlichen Umgang.

1.3.3 Weshalb gehen Abraham und Lot auseinander? Die Herden werden zu groß, es fehlt an Wasserstellen. Sie trennen sich in Freundschaft.

1.3.4 Wohin wenden sich Onkel und Neffe? Abraham geht in die Westbank, Lot zieht mit Frau und Familie in das scheinbar fruchtbarere Ostjordanland bis hin nach Sodom.

2. Sodom und Gomorra sind zwei dem Untergang geweihte Städte.

2.1 Was haben sie verbrochen?

2.1.1 Sie haben gesündigt, falsche Götter angebetet, zügellose Sexpartys gefeiert, Rausch und Drogen geliebt, die Gebote Gottes missachtet, nur für die Luststeigerung gelebt.

2.1.2 Wie sollten beide Städte untergehen? Feuer und Rauch konnte man sehen, ein Vulkanausbruch oder ein Erdbeben hat die Städte heimgesucht.

2.1.3 Wieso hat dies Gott bewirkt? In der Zeit des 6. Jahrhunderts vor Christus wurden Katastrophen auf den Willen Gottes zurückgeführt. Gott wirkt in und durch die Natur.

2.1.4 Ist der Gottesglaube hinterfragt worden? Nein! Ein Leben ohne Gott ist undenkbar. Es wurde sogar der Tun-Ergehens-Zusammenhang geglaubt. Deshalb werfen die Freunde Hiobs ihrem Freund Hiob vor, dass er doch gesündigt haben muss, nachdem es ihm so schlecht erging.

3. Weshalb will Abraham Sodom und Gomorra retten?

3.1 Abraham wird vom Verfasser der Abraham-Story als ein Gerechter, d.h. als ein Vorbild für Israel gezeichnet. Abraham ist besorgt um das Leben der Menschen in Sodom und Gomorra.

3.2 Wie versucht Abraham, Sodom und Gomorra zu retten? Er handelt mit Gott wie ein Viehhändler. Er sagt zu Gott: Du kannst doch nicht den Gerechten mit dem Ungerechten umbringen?

3.3 Wie antwortet Gott darauf? Er lässt sich auf einen Deal ein.

3.3.1 Wie lautet der Deal? Abraham handelt die Zahl der Gerechten herunter. Jedes Mal versichert Gott, dass er die Städte verschont.

3.3.2 In welcher Reihenfolge des Decrescendo geht Abraham vor? Er spricht zunächst von 50 Gerechten, dann 45, dann 40, dann 30, dann 20, dann 10.

4. Wie reagiert Gott auf den Handel? Er ist verzweifelt, dass nicht einmal fünf Gerechte in den Städten wohnen; er muss dem Treiben in Sodom und Gomorra ein Ende setzen.

4.1 Vernichtet Gott also alle Einwohner? Er möchte wenigstens Lot und seine Familie retten.

4.1.1 Wie bewerkstelligt er die Rettung? Er schickt zwei Männer als Boten Gottes zu Lot. Diese machen Lot klar, dass er Sodom verlassen muss, wenn er denn gerettet werden will.

4.1.2 Welche Schwierigkeiten tun sich auf? Die zwei Boten schweben in Lebensgefahr. Die Männer von Sodom wollen sie töten, doch Lot zieht diese in sein Haus hinein, verschließt die Türe.

4.2 Wie hilft Gott bei der Bewahrung seiner Boten? Er schlägt die Bewohner von Sodom mit Blindheit.

5. Was tut nun Lot? Er nimmt die Warnung der Männer ernst. Er bricht mit seiner Familie auf, verlässt Sodom und strebt einer nahe gelegenen Stadt zu.

5.1 Ist seine Familie einverstanden? Sie hat keine Wahl. Lot ist das Oberhaupt, der Nomadenführer seiner Sippe. Diese schließt sich ihm an.

5.2 Was machen die Männer von Sodom? Sie lassen Lot und seine Familie ziehen. Gott bewahrt den Exodus.

5.3 Wie verhält sich Lots Frau? Sie ist voller Sorge, ob die Flucht richtig ist. Sie hängt innerlich noch am alten Besitzstand, verlässt mürrisch ihr Zuhause.

6. Schafft es schließlich Lots Frau, das Alte hinter sich zu lassen? Es ist für sie ein innerer Kampf. Sie weiß, dass sie ihrem Mann Gehorsam schuldet und geht mit.

6.1 Wie ist die psychische Situation für Lots Frau? Sie ist an die Vergangenheit gebunden. Ihr fehlt das Vertrauen, dass Gott beim Neuanfang dabei ist. Verzagtheit, Kleinmut und Angst bestimmen ihre Psyche.

6.2 Welche Handlung erwächst daraus? Lots Frau schaut zurück auf die liebgewordene Heimat. Sie ist gelähmt. Ihre Angststörung führt dazu, dass sie zur Salzsäule erstarrt. Sie bleibt wenige Kilometer nach Sodom als Salzsäule stehen. Dort wird sie nach 2600 Jahren immer noch von Touristen schaurig angesehen.

7. Was zeigt uns der Verfasser mit dieser Story? Wenn Gott dich zu etwas Neuem ruft, dann folge mutig diesem Ruf. Geh mit Vertrauen in die Zukunft hinein. Schaue nicht zurück. Gott möchte dir helfen, das Neue zu bewältigen.

„Salz"- haltige Erinnerungen

Josef Stadler

Das Wort „Salz" weckt bei mir Erinnerungen an ganz unterschiedliche Orte, die ich bei meinen zahlreichen Reisen gesehen habe, wo Salz in der Natur vorkommt und auch gewonnen und verarbeitet wird oder wurde.

(1) Das „Tote Meer" in Israel ist so ein Ort. Bahr al-Mayyit heißt das „Meer des Todes" auf Arabisch. Die Grenze zwischen Israel und Jordanien verläuft mittig durch den bis zu gut 15 Kilometer breiten und 60 Kilometer langen Salzsee. Der Salzgehalt beträgt gut 32 Prozent. Durch seine hohe Anzahl an Mineralen hat ein Bad im Toten Meer für Patienten, die unter anderem an Hauterkrankungen leiden, eine heilende Wirkung. Im Toten Meer schwimmt der Badegast auch nicht – er schwebt. Und dafür muss er sich einfach nur ins Wasser setzen, nach hinten kippen und die Beine anheben – und siehe da: das Wasser trägt einen! Ich konnte diese Erfahrung im Juli 1977 machen, als ich einen zweiwöchigen Urlaub in Israel verbrachte.

(2) Im November 1980 war ich mit einem Mietwagen in Kalifornien unterwegs. Dabei fuhr ich auch durch das „Death Valley". Das ist eine vom Salz

geprägte Landschaft. 518 Quadratkilometer umfasst das Gebiet der so genannten Salt Flats. Das Badwater Basin am südlichen Ende des Death Valley liegt 85,5 m unter dem Meeresspiegel und ist damit der tiefste Punkt der USA.

Es ist eine surreale Landschaft mit riesigen Salzseen. Vom Ufer des flachen Badwater Lake sieht man vor allem eine weiße Salzwiese – je nach Wetterlage oder Jahreszeit variiert der Wasserstand sehr stark. In jedem Fall ist die Szenerie einfach atemberaubend.

(3) Der größte Salzsee der Sahara ist das Chott el Djerid in Tunesien, das sich im Chott el Fejaj fortsetzt. Mit rund 7500 Quadratkilometern nimmt der Salzsee fast die 14fache Fläche des Bodensees ein! Die Chotts teilen das tunesische Staatsgebiet grob in den besiedelten Nordteil und den fast menschenleeren Südteil, der ungefähr genauso groß ist. Das Salz des Sees wird als Speisesalz abgebaut. Im November 1995 war ich für eine Woche nach Monastir geflogen und hatte vor Ort einen Tagesausflug in die Oasenstadt Tozeur gebucht. Der Bus fuhr auf einer Dammstraße über das Chott. Vor dem Bau dieser Dammstraße war die Überquerung des Chott el Djerid aufgrund der tückischen Salzkruste oft gefährlich. Oberflächlich ist er zwar mit einer dicken Salzkruste bedeckt, die an einigen Stellen fest genug ist, um Lastwagen auf ihr fahren zu lassen, aber schon in ca. 30 cm Tiefe stößt man auf Wasser, und das war auch der Grund für den Bau der Dammstraße. Aus dem 14. Jahrhundert ist das spurlose Verschwinden

einer Karawane, die mit 1000 Kamelen und ihren Treibern Salz abtransportierte, überliefert.

(4) Formentera ist die kleinste der spanischen Baleareninseln im Mittelmeer. Für zwei Wochen war ich im Mai 1996 dorthin gereist. La Savina ist der Haupthafen der Insel. Dort legen auch die Fähren von und nach Ibiza an. Ich hatte mich in dem Ort Es Pujols im Hotel „Voramar" einquartiert. Man konnte in dem Hotel Fahrräder und Mofas ausleihen.

Diese Möglichkeit nutzte ich natürlich öfters, um die Insel zu erkunden. Bei einem dieser Ausflüge radelte ich auch einmal zu den zwei Binnenseen Estany des Peix und Estany Pudent, die sich zwischen La Savina und Es Pujols erstrecken. Diese Gegend wird auch „Ses Salines" genannt und war einstmals das Zentrum von Formenteras Salzindustrie, die heute allerdings nicht mehr existiert. Geblieben sind die hübschen, rosa und violett schimmernden Salzfelder, die auch sehr schöne Fotomotive hergeben.

Es ist nicht bekannt, wann mit dem Abbau von Salz in den Salinen von Formentera begonnen wurde. Möglicherweise wurden sie bereits in der Antike genutzt, dokumentiert ist der Abbau jedenfalls ab dem 13. Jahrhundert, der Zeit, aus der die ersten schriftlichen Aufzeichnungen vorliegen. 1873 wurden die Salinen von der Gesellschaft Salinera Española SA erworben, die dort bis 1984 Salz abbaute. Im Jahr 2004 wurde die Salinen zu einem Ort von kulturhistorischem Interesse erklärt, auch weil sie die einzige Industrie auf der Insel vor den Zeiten des Tourismus waren.

(5) Im Januar 2000 machte ich zwei Wochen Urlaub in Cabo Verde. Das ist ein Staat vor der Nordwestküste Afrikas. Die Inselgruppe besteht aus neun bewohnten Inseln und weiteren ungefähr 16 kleinen Eilanden. Die Insel Sal (portugiesisch „Ilha do Sal", deutsch „Insel des Salzes") ist eine der Inseln und auf ihr befindet sich auch der internationale Flughafen. Ich wohnte bei meinem Aufenthalt im „Hotel Central" in dem Städtchen Santa Maria am Südende der Insel Sal.

Fast 150 Jahre lang war Kap Verde ein bedeutender Salzproduzent und Exporteur in Westafrika. Salz war schon im 17. und 18. Jahrhundert (und vermutlich früher) ein wichtiges Exportgut der Inseln.

Damals liefen vor allem britische Kapitäne die Inseln Maio und Boa Vista an, um sich dort vor ihrer Überfahrt in die Karibik und nach Südamerika mit Salz einzudecken. Der Salzabbau auf Sal, Boa Vista und Maio war ein wichtiges, wenn auch bescheidenes Standbein der regionalen Wirtschaft. Heute ist die Salzproduktion fast zum Erliegen gekommen, es wird auf Sal nur noch zum eigenen Bedarf und für einen ganz geringen Export verarbeitet.

Einmal fuhr ich mit dem Linienbus in die Inselhauptstadt Espargos, die etwa 20 Kilometer im Inselinneren liegt. Viel zu sehen gab es da nicht, aber in einem kleinen Museum sah ich ein paar ältere Fotos von der Saline Pedra Lume. Das interessierte mich und so ließ ich mich von einem Taxi zu der 10 Kilometer entfernten Salzanlage fahren. Die Ständer der alten Förderanlage und die Ruinen der fast verfallenen Verladestation gaben ein beeindruckendes Fotomotiv ab. Ein wenig Salz wird immer noch abgebaut und per Hand in große Säcke geschaufelt, aber die Bedeutung von einst ist Vergangenheit.

Was denn noch alles

Uta Grabmüller

Ein Salzkorn.

Unter vielen großen Wundern ein kleines. Unter vielen kleinen Wundern ein großes.

Ein Salzkorn ist trocken.

Es ist wasserlöslich.

Es kann Haut heilen.

Es lässt sich erhitzen.

Es lässt sich einfrieren.

Es kann Wärme transportieren.

Es kann Strom leiten.

Es kann Salmonellen abschrecken bei -35°. Huch.

Salz ist lebensnotwendig.

Salz kann tödlich sein.

Salzwasser zu trinken, kann krank machen. Viel Salzwasser zu trinken, ist gefährlich. Zu viel Salzwasser im Körper kann töten.

Salz kommt vor im unermesslichen Vorrat des Meerwassers. 1332 Milliarden Kubikkilometer Wasser gibt es in den Weltmeeren. Gletscher, Flüsse, Bäche und der Regen tragen kein Salz in sich. Salzwasser ist schwerer als Wasser. Sie bringen Süßwasser mit sich. Das mischt sich in Flussmündungen mit dem Meerwasser, wird zu Brackwasser. Klingt nicht gut. Hat schon mal jemand darüber nachgedacht, was die salzwassergewohnten Lachse fressen, wenn sie zum Laichen die Süßwasserflüsse hinaufschwimmen?

Wie viele Tonnen mag das im Meer enthaltene Salz wiegen? Das lässt sich sicher ausrechnen! Meerwasser hat im Durchschnitt 3,5 % Salz.

Jedes Salzkorn ist aus positiv und negativ geladenen Ionen aufgebaut. Sieht man ihm das an? Zwischen den Ionen herrschen nach allen Seiten starke elektrostatische Anziehungskräfte. Diese Anziehungskräfte führen dazu, dass sich unzählige positive und negative Ionen in einem gleichmäßigen Ionengitter anordnen. Unter Druck verschiebt sich dieses Gitter. Es zerbricht. Das Salzkorn wird spröde und bricht. Das macht was mit ihm.

Salz kommt vor in salinen oder halinen Biotopen. Allerhand. Ist mir aber egal.

Wer Salz ins kalte Wasser vor dem Aufkochen gibt, kann 1% Energie einsparen. Warum eigentlich? Ich weiß es nicht. Doch das Prinzip merke ich mir.

Ein Salzkorn.

Unter vielen großen Wundern ein kleines. Unter vielen kleinen Wundern ein großes.

Habt Salz in euch, und haltet Frieden untereinander

Ingeborg Schmid

„Habt Salz in euch, und haltet Frieden untereinander" (Markus 9,50)
Ich sage dir, mit dem Salz, da hat man nur Scherereien!

Von wegen hauptsächlich Natriumchlorid, eine Plage ist das, und zwar eine hundertprozentige!

Du kommst dem ja nicht einmal aus, in den meisten Teilen der Welt schwimmt das in irgendeinem Meer oder See herum oder kristallisiert im ein oder anderen Berg vor sich hin.

Schon vor 6000 Jahren hat man sich seinetwegen die Schädel einschlagen müssen. Es sollte ihm doch klar sein, dass die, die es haben, mit denen, die es wollen, nicht einer Meinung sein können.

Stell dir vor, sogar eigene Straßen sind ihm gebaut worden, gesäumt von Städten, die sich mit der Besteuerung der Händler herumzuschlagen und einen Haufen Geld einzutreiben hatten. Privatleute und Regierungen mussten ständig um ihre Reichtümer bangen, nur, weil das Salz in einem fort so viel abgeworfen hat. Am meisten hat es die Staaten getroffen, die das Monopol darauf hatten und nun mit der Erhebung von Steuern vollends beschäftigt waren.

Meinst du, da gäbe es irgendein Entrinnen? Nein, fast jeder Teil unserer Körper enthält Salz und ständig verlieren wir durch Stoffwechselfunktionen Salz, das ersetzt werden muss. Nicht einmal dann, wenn es aus ist mit uns, hat man seine Ruhe. Von frühester Zeit an wurde Salz zur Leichenkonservierung verwendet. Die Ägypter haben es für ihre Mumien benutzt, woanders lagerte man Tote in salzhaltigen Wüstenböden, bei uns musst du die Straßen salzen, um im Winter überhaupt zum Begräbnis zu kommen. Und wenn beim Totenmahl auch noch Salz verschüttet wird, droht Streit.
Wie gesagt, nichts als Unfrieden mit dem Salz!

Salzige Spurensuche in unserem Menschsein

Salz ist nicht gleich Salz
Wo ist mein Lebensglück?

Birgit Brill

Sie lehnt sich an meinen Unterschenkel beim Schreiten, eine zutrauliche Boxerhündin. Ich bin jedoch voll konzentriert auf ihn, auf den Mann an meiner anderen Seite. Ihn zu besuchen, habe ich mich nun getraut.

Er ist Falkner, ich schaue schon allein deshalb zu ihm auf, zu ihm – und seinen wunderschönen Tieren. Falken sind nicht domestizierte reine Wildtiere. Nach dem Schlüpfen bereits in Unfreiheit werden diese sehr lernfähigen Raubvögel vom Falkner abgerichtet mittels drei- bis vierstündigen täglichen Trainingseinheiten im freien Gelände. Hierzu muss er selbst sehr diszipliniert und auch zu sich selbst hart und unerbittlich sein. Zwar ist in der Pädagogik derartig konsequentes Erziehungsverhalten durchaus erstrebenswert. Aber zieht mich der Vergleich zur Tieraufzucht an?

Auch frage ich mich: Wie geht der Mann mit Frauen um? Der Falkner ist jünger als ich, sportlich, sehr fleißig, ehrgeizig und engagiert, sexy, gutaussehend und durchaus auch zärtlichkeitssuchend, wie ich hoffe. Falken – nüchtern betrachtet – sind aber keine Kuscheltiere und erwecken mit ihrem scharfen, stechenden Blick eher ein ehrfürchtiges Staunen über ihr herrliches Federkleid und ihre großartigen Flugleistungen. So bleibt ein Großteil der Nähe zu ihnen auf der Strecke – nicht allein wegen der Dressate. Schnäbeln, gegenseitiges Gefiederputzen, Nackenbürsten beim Akt, Balztanz und Brautgeschenke in Form von Zweiglein für den Nestbau sowie Futtergabe dürften jedoch auch bei diesen Vögeln naturgegeben sein. Das aber erhoffe ich so sehr, Zärtlichkeit unter den Menschen sowie zwischen Mensch und Tier. Und ich erhoffe es für mich. Allein wenn sich der Vogel auf mir niederlässt, durchschauert es mich vor Freude über diese Nähe durch die Berührung mit seinen Füßen. In der Falknerei ist der „Landungsarm" ledern und sehr dick umwickelt – da spürst du davon nichts mehr.

Ich nehme es vorweg: Falken haben wie alle Vögel nur eine Kloake. In ihrer abgedunkelten Gefangenschaft sitzen sie ganz oben auf einem gemauerten Vorsprung und spritzen ab auf den rohen, gut zu reinigenden grauen Kieselboden ihres Stallabteils. Das trifft mich in meiner Seele, ich will nicht Teil dieser grausamen Intimität sein. In freier Natur – ihrer Freiheit – wäre ich keine Zeugin! So aber kommt zu viel Salz in die Suppe. Das ist ungesund, ist zu viel.

Der Falkner stürzt ab in meiner Gefühlswelt, macht sich schuldig. Und so sehr ich ihn und seine edlen, wertvollen Aufzuchten schätze, so gerne ich ihm nach Dubai gefolgt wäre, um eines der von ihm ausgebildeten Tiere zu überführen, so sehr falle ich mit meinem Traum von einer Nähe zu ihm ins Leere, esse in

Gedanken lieber die fade ungesalzene Suppe meines Lebens. Aus. Ende mit der Lust auf ein mutiges Abenteuer.

Bislang empfand ich so, als wäre mein ganzes Leben „ohne Salz in der Suppe" geblieben, mit einem leeren Salzkrug, weil ich meinen Lebensmenschen nicht traf.

Doch ich bin aufgewacht. Real oder nur als vorweggenommene Hoffnung – es gibt noch so vieles, was mein Leben reich macht. Es ist voller Würze, reich an geheimnisvollen Zugaben.

Ich denke an

- Schwimmen im natürlichen frischen Wasser, auch in den Wellen des salzigen Atlantiks

- Stehen im warmen seichten Uferwasser und Warten auf kleine Fischlein, welche meine salzigen Hautschuppen an den Beinen mit ihren Mäulchen abfressen

- das liebevolle Lächeln im Angesicht meines Gegenübers (manchmal beglückende kleine Salzkörnchen)

- die Überwindung meiner Selbstzweifel, so dass keine salzigen Tränen mehr fließen

- meine Hoffnung auf Gottes Segen

- Gemeinschaftsleben und gemeinsame Hobbys

- soziales und politisches Engagement

- alle Künste (aktiv und passiv)

- und nicht zuletzt berufliche Selbstverwirklichung.

Nunmehr blicke ich mit neuer Zuversicht in die Welt: Die Würze meines Lebens – das ist die Liebe, die Liebe zu mir selbst, die gegebene und die empfangene Liebe u n d die „Liebe zum Leben", einzigartig – nicht versalzen, aber gut gewürzt.

Salzige Spuren

Inge Hörauf

Das meiste war wie immer. Nach ein paar Wochen in der Toskana war ich allein im Auto auf dem Heimweg, gerade an Mailand vorbei, und ich freute mich auf den nicht ganz so langweiligen Teil der Reise Richtung Schweiz durch die Seen- und Berglandschaft.

Mein recht geräumiges Auto war dieses Mal bis unters Dach vollgepackt mit jeder Menge Klamotten und Einrichtungsgegenständen, die mir meine Tochter mitgegeben hatte. Sie lebte seit einer Weile in diesem wunderbaren Landstrich, hatte die vermeintlich große Liebe gefunden, die nun entweder geschrumpft oder deren Größe überschätzt war. Aber „die große Liebe" ist eben immer relativ.

Sie hatte ihren Partner und die gemeinsame Wohnung verlassen, nachdem sie miterleben musste, wie nachts die Polizei eine Drogenrazzia in ihren vier Wänden durchführte. Was sie schon eine Weile ahnte, war plötzlich Realität geworden. Ihr Partner nahm selbst Drogen und handelte damit. Die angeblichen plötzlichen Freundesbesuche mitten in der Nacht waren Verkaufstreffen.

Immer wieder ging mir auf der Fahrt alles durch den Kopf, was sie erzählt hatte, von den Wochen davor, bis alles aufflog. Es glich einem Albtraum. Was für ein Glück, dass ich zur richtigen Zeit da war und ihr helfen konnte, nach ihrem Entschluss, diesen Mann zu verlassen.

Sie hatte in einem Hotel einen neuen Arbeitsplatz gefunden mit Kost und Logis, und alles, was sie aus der gemeinsamen Wohnung nicht mitnehmen konnte, sollte ich wenn möglich nach Deutschland bringen, den Rest verschenkte oder verkaufte sie.

Die Geschichte würde wohl noch eine Weile nachwirken auf die ganze Familie, denn keiner wusste, welche Probleme für unsere Tochter durch diesen Partner noch entstehen könnten.

Ganz geheuer war mir nicht bei dem Gedanken, immer weiter weg von ihr zu fahren, alles hatte sie mir bestimmt nicht erzählt. Aber schließlich war sie erwachsen. Beruhigend fand ich, dass sie sich getrennt hatte und an einem sicheren, anderen Ort wohnte.

Inzwischen war ich fast in der Schweiz. Damals gab es noch kein Internet, die notwendige Vignette musste man noch direkt an der Grenze kaufen. Also auf dem großen Parkplatz einparken, um sie in dem Gebäude zu kaufen.

Es durchfuhr mich wie ein Blitz, als ich die Grenzpolizisten mit Hunden über diesen Parkplatz laufen sah. Mein Auto war vollgepackt bis oben hin mit recht ungewöhnlichen Reiseutensilien, wie Wäschekörbe, Bügelbrett, sogar einen Teppich hatte ich dabei. Und wenn irgendwo noch „Stoff" versteckt war, schoss es mir durch den Kopf. Meine Tochter und ich hatten die Wohnung in aller Eile ausgeräumt, als ihr Ex nicht zu Hause war. Sie hatte dabei erzählt, wo überall „Stoff" und Utensilien versteckt waren, als die Polizei auftauchte.

Die Hunde würden bestimmt sofort irgendwelche Drogen erschnüffeln. Mir wurde plötzlich sehr heiß, und ich bekam feuchte Hände. Eine Frau allein in so einem vollgestopften Auto! „Diese Sachen gehören mir alle gar nicht, und wie da *so etwas* reingekommen war, damit habe ich absolut nichts zu tun." Meine originelle Erklärung käme bestimmt gut an. Aber was sollte ich sonst sagen?

Mit sichtlich höherem Puls als normal stieg ich aus und lief zu dem Verkaufsschalter. Ich besorgte die Vignette, nicht ohne alle 20 Sekunden nach den Grenzpolizisten zu schielen. Sie liefen jede Reihe der parkenden Autos ab. Ich spürte, wie ich anfing am Kopf zu schwitzen, an der Stirn und im Nacken. So war das immer, wenn ich aufgeregt war.

Die Plakette musste innen an der Windschutzscheibe befestigt werden, und mit einem Auge hatte ich die Polizisten im Blick. Einer davon war nicht mehr weit von meinem Auto entfernt. Die ersten Schweißtropfen, einer nach dem anderen, tropften mir über die Stirn, auch im Nacken spürte ich sie. „Bitte, bitte, vorbeigehen", flüsterte ich.

Große Erleichterung! Der Mann lief mit seinem Hund an meiner Heckseite vorbei. Durchatmen, Rückwärtsgang rein, und nichts wie weg. Der Schlag auf die hintere Seitenscheibe erschreckte mich zu Tode. Ich drehte mich vorsichtig um, der Mann in Uniform gab mir Zeichen die Scheibe runterzulassen und kam nach vorne.

Ich hielt den Atem an, öffnete das Fenster.

„Hier kommen Sie nicht rückwärts raus. Einbahnstraße! Bitte nach vorne aus dem Parkplatz rausfahren."

„Aaah, vielen Dank, und auf Wiedersehen", krächzte ich und tat, was er mir geraten hatte, schloss das Seitenfenster und fuhr zitternd los. Ein Schweißtropfen kitzelte mich von der Stirn über die Nase bis zu meiner Oberlippe, ich wischte ihn mit einer Handbewegung weg.

Der Schreck saß nun so tief, dass ich mir danach einen winzigen Grenzübergang von der Schweiz nach Deutschland suchte, um nicht noch einmal in eine ähnliche Situation zu kommen.

Stunden später, als ich fast zu Hause war, leckte ich mir über die Oberlippe, und ich konnte sie immer noch schmecken, die salzige Spur meines Angstschweißes.

Salz

Dagny Reichert

Anna hatte mit dem dreijährigen Johannes gerade ein paar Kartoffeln und Karotten aus dem Gemüsebeet gezogen. Jetzt standen beide in der Küche und putzten ihre Ernte. Die kleine Magdalena schlief friedlich in ihrer Wiege.

Da klopfte es ans Küchenfenster. Gleich darauf kam Annas Schwiegermutter herein. Sie hatte ein Dirndl über dem Arm, was sie mitsamt Bluse und Schürze auf die Eckbank warf. „Komm mal her, aber wisch dir vorher die Hände ab! Ich erwarte, dass du das morgen auf der Feier trägst!" Noch ehe Anna etwas erwidern konnte, drückte sie ihr ein mit schwarzem Samt bezogenes Kästchen in die Hand. „Und das ist der Kropfschmuck; du gibst ihn mir nachher zurück!" Schon war die Prinzipalin hinausgerauscht. Annas verdutztes „Danke!" hörte sie gar nicht mehr.

Da das Wetter als eher durchwachsen vorhergesagt war, hatte man im Garten des weitläufigen Anwesens bereits vor zwei Tagen ein großes Festzelt aufgebaut. Anna hätte die lange Tafel viel lieber in der Tenne herrichten lassen, das fand sie gemütlicher, aber die Prinzipalin hatte nur den Kopf geschüttelt und geseufzt: „Man merkt, dass du aus der Stadt kommst."

Nun war es so weit. Anna sammelte sich kurz und holte tief Luft, bevor sie das Festzelt betrat. Das Samtband um ihren Hals war so eng!

Sie hatte Johannes auf dem Arm. Der hielt die prachtvolle Pfingstrose, die er zuvor im Garten von der großen Staude selbst hatte aussuchen und schneiden dürfen, ganz fest in beiden Händen. Sie setzte ihn ab; er lief sofort ganz stolz auf die Prinzipalin zu. „Oma, Oma!“, lachte er über das ganze Gesicht und überreichte ihr mit vor Eifer glühenden Wangen die Pfingstrose. Die Prinzipalin beugte sich zu ihm hinunter, nahm die Blume entgegen und lächelte süßsauer. „Ich heiße Großmama!“

Anna nahm den verdutzten Johannes schnell an der Hand und führte ihn an der Schwiegermutter vorbei zu ihren Plätzen, während es hinter ihr her zischte: „Du bist verheiratet, da trägt man die Schleife rechts!“

„Was ist?“ fragte ihr Mann leise, als sie sich setzte. „Ach, nichts. Ich wusste das nicht, dass ich die Schleife rechts binden muss!“, flüsterte Anna. „Ich auch nicht, mein Schatz!“, lachte er, dann küsste er sie und half, den Sitz der Schleife zu korrigieren.

Der Landrat hatte inzwischen sein Grußwort verkündet, der Bürgermeister hielt seine Rede, der Pfarrer sprach seinen Dank für großes soziales Engagement aus und segnete die Jubilarin nebst Tischgesellschaft, das Pressefoto wurde arrangiert, sogar der Hofhund bekam seinen Platz.

Die Prinzipalin erhob sich würdevoll und dankte allen Anwesenden. Dann rief sie: „Man wird nur einmal 80!“, tauchte drei Finger in den Rotwein und bespritzte das blütenweiße Tischtuch. „Die Tafel ist eröffnet!" Sie hob ihr Glas. „Zum Wohl allerseits! Lasst es euch schmecken!"

Annas Mann stand auf. Alle Anwesenden taten es ihm gleich. „Zum Wohle, Mutter!" – „Zum Wohl!" kam das Echo der Tischgesellschaft und die beiden Nachbarskinder, die eben noch mit Gitarre und Hackbrett ein Ständchen zum Besten gegeben hatten, begannen mit dem Auftragen der Vorspeise.

Ein paar Monate waren vergangen. Mittlerweile war es Herbst geworden. Das Festzelt hatte den fallenden Blättern weichen müssen. Anna war mit den Kindern lange draußen gewesen. Sie hatte Johannes zugeschaut, wie er fröhlich durch die Laubhaufen tobte und die ersten Kastanien einsammelte. Jetzt saß er auf Annas Schoß.

Sie las ihm gerade aus dem großen Buch die ‚Geschichte vom kleinen Raben‘ vor, da schrillte das Haustelefon. Magdalena wachte auf und begann zu weinen, während Anna den Hörer abnahm.

„Kommst du bitte rüber? Ich möchte jetzt ein Bad nehmen!" Es war die Schwiegermutter. „Gern!", antwortete Anna, „sobald ich Magdalena gestillt habe, also in etwa 20 Minuten. Ist das recht?" „Das Kind wird ja wohl mal warten können!" tönte es aus dem Hörer, „wenn man einmal etwas braucht!" - „Es geht jetzt nicht, bitte hab noch etwas Geduld. In 20 Minuten bin ich da!", erwiderte Anna. - „Du wirst schon sehen, wohin das führt, so, wie du deine Kinder verhätschelst!" Anna hängte auf. Ihr Mann hob den Kopf. „Was will sie denn jetzt schon wieder?"

„Weißt du, vielleicht kann man ja ein Tischtuch wieder sauber bekommen, indem man mit Salz die Rotweinflecken herausreibt, aber bei Wunden ist das etwas anderes. Die gehen nicht weg, die werden tiefer", antwortete Anna, „für mich hat die Königin vom Achental gerade abgedankt." Dann holte sie eine Zange und kappte die Leitung des Haustelefons.

Salz in die Wunden streuen

Anni Stiegler

Heute Nacht hatte sie es wieder getan. Auf Zehenspitzen war sie durchs Haus geschlichen.

Ihre Gedanken kreisen immer um das Gleiche. Auch wenn sie alles versucht, nicht daran zu denken.

„Bist du in der Küche?"

„Ja, ich will nur etwas trinken!" Sie schließt die Kühlschranktür. Den Orangensaft stellt sie wieder zurück. Sie dreht den Wasserhahn auf, es dauert, bis es kalt, so kalt ist, dass sie das Wasser trinken mag. Ungesüßten Tee, sie hat alle Tees probiert. Scheußlich!

„Ich habe dich gehört diese Nacht!" Sie fühlte sich ertappt.

Sie hatte lange wach gelegen. Vor Hunger! Dann war sie aufgestanden und hatte sich ein Brot gemacht. Zwei Scheiben im Toaster aufgetaut. Leberwurst hätte sie darauf streichen mögen. Aber der Kühlschrank gab nichts her.

Auf das Frühstück verzichtet sie seit Wochen. Sensationelle Erfolge erzielt man mit Intervallfasten. Man muss sich nur die Internetseiten ansehen.

Zwischen der letzten Mahlzeit des Vortages und der ersten am folgenden Tag liegen sechzehn Stunden. Das Internet ist voll mit guten Ratschlägen.

Superschlanke Schönheiten präsentieren ihre Körper. Allein der Blick auf die Fotos reißt schon Wunden auf. Und dann kommt ihr Mann, streut Salz hinein. „Und wieviel hast du schon abgenommen?" An diesem Morgen fragte er:

„Wieviel Stunden hast du geschafft?"

„Acht?" Das wäre die Hälfte der Zeit. Sie antwortete nicht. Allein die paar Erdnüsse brachten schon alles durcheinander.

Er selbst konnte das Rauchen nicht aufgeben.

„Und du? Das ganze Haus riecht wieder nach Qualm!"

„Das kann nicht sein!" Vor dem Zubettgehen hatte er sich noch mal ein Zigarillo gegönnt. Auf der Terrasse! Der Rauch war bis in ihr Schlafzimmer gezogen. Das war seine verletzliche Stelle. Der Arzt hatte ihn dringlich auf das Risiko eines Schlaganfalls hingewiesen. Jeder Hinweis auf seinen Nikotinabusus reichte aus, die Wunde neu zu reizen. Worte reichten! Die Wunde blutete.

„Die Arterien sind verengt, du hast es bei der Sonographie selbst gesehen."

„Es geht nicht von heute auf morgen."

„Und du? Hältst du dich an dein intermittierendes Fastenprogramm?" Der Krater in ihrer Wunde wird immer tiefer. Der Rand immer größer.

„Deine Blutzirkulation ist beeinträchtigt, auch bei dir." Er wusste genau, wie sie zu treffen war. Ein einziges Körnchen Salz reichte.

„Sport? Was ist mit Sport?" Sie hatten einen Vertrag abgeschlossen, in einem Fitnesszentrum. Oft waren sie noch nicht dort gewesen. Also auch diese Frage beeinträchtigte die Wundheilung. Sie schob die Waage unter den Kleiderschrank.

Die Nächte sind eine Qual. Sie wacht auf, und es fühlt sich alles so sinnlos an. Was gibt es denn, worauf man sich noch freuen kann, wenn man nicht einmal mehr mit Genuss essen darf. Wenn man ständig das Gefühl hat, der Magen sei ein einziges riesiges Loch. Es ist erst drei Uhr. Ihre Gedanken kreisen um das, was sie am Mittag kochen wird. Ein Schnitzel mit Pommes. Einen Bienenstich am Nachmittag! Und was, wenn sie nur die Mandelkruste isst! Kalorien zählen wäre nicht nötig heißt es. Sechzehn Stunden sollte sie durchhalten. Diese Nacht hatte sie bis vier Uhr durchgehalten.

Die Scheibe Brot frisch geröstet aus dem Toaster! In Ermangelung eines Belags hatte sie dick Butter darauf gegeben. Eine köstlich mit Sauerrahmbutter durchtränkte Scheibe, nein sogar zwei hatte sie sich gegönnt. Wenn schon einmal sündigen, dann kommt es nicht drauf an. Oder doch?

„Einen Kaffee kannst du trinken. Oder Wasser!"

„Ich weiß, ohne Zucker."

„Wann darfst du wieder essen?"

Jetzt zählte sie die Stunden neu. Sie zählte dreimal nach. „Zwanzig Uhr!"

„Das macht doch keinen Sinn!"

„Wir fangen morgen neu an!"

Tödliches Salz

Georg Berghammer

„Dra di ned um." Hätte die Frau von Lot in biblischen Zeiten diesen Warnruf von dem weithin bekannten Alpenrocker im vorsintflutlichen Radio hören können, wäre die Weltgeschichte anders geschrieben worden. So aber ist die Lisl zur Salzsäule erstarrt und bildet nun seit Jahrmillionen den Grundstock für unser heutiges Leben. Unverzichtbar ist dieses urige Mineralgestein mittlerweile für uns Menschen geworden. So nebenbei ebnete das Salz den Weg vom Austria Sänger, aus dessen Kehle bis heute fröhlich der Wunderknabe „Amadeus" trällerte.

Anders als das mozärtliche Talent verwechselte der Musikrebell das weiße Gold, wie man Salz umgangssprachlich nannte, des öfteren mit Koks. Dieses harmlos aussehende Spurenelement ähnelt dem ursprünglichen Mineral Salz allerhöchstens in der weißen Farbe, weshalb dieses süßlich riechende Gift fälschlicherweise auch als das weiße Gold bezeichnet wird. Anders als das echte, bekömmliche Speisesalz verursachte dieses sogenannte Spurenelement bei vielen berühmten und nicht so berühmten Persönlichkeiten der Musikbranche unumkehrbare Zerstörungen jedes ehemals so schönen oder muskulösen Körpers. Der Karriereweg all dieser Chartstürmer führte schnurstracks in einem atemberaubenden Tempo auf der Überholspur in den Tod. Janis Joplin, Jimi Hendrix, Freddy Mercury und auch Falco können im Darknet jenseits von Eden ein ewiges Lied davon singen.

Brennendes Salz

MaxSy Multerer

Ich bin unendlich froh, dass er das Fenster geöffnet hat. Weit auf. So, wie ich es liebe. Immer. Sommer wie Winter.

Ein kühler Hauch des Herbstes streift mein Gesicht. Unter den Decken ist es angenehm warm. Lang wird es nicht mehr dauern. Ich spüre es. Tief in mir.

Er sitzt neben mir und hält meine Hand. Ich bin unsagbar glücklich, ihn gefunden zu haben. Wenn auch spät im Leben. Dafür umso dankbarer für seine grenzenlose Liebe.

Einzelne Tränen glitzern im feinen Strahl der Herbstsonne auf seinen Wangen. Ich möchte sie ihm trocknen, doch mir fehlt die Kraft dafür.

Ein wenig tröstet es mich, dass er traurig ist. Traurig darüber, dass ich bald gehen werde. Für immer. Wir wissen es beide. Deshalb sind wir jetzt allein. Nur er und ich.

Sein Gesicht schwebt über mir, sein vertrauter Atem streift meine Nase. Eine Träne tropft auf meine Lippen, sucht sich ihren Weg auf meine Zunge. Brennt sich ein, salzig und süß zugleich.

Ich schließe die Augen. Bade in seiner Gegenwart. Tröstlich. Geborgen.

„Bis bald", flüstert er an meinen Mund.

„Bis bald", hauche ich mit letzter Kraft.

Er schenkt mir einen seidigen Kuss. Ich schmecke ihn. Seinen salzigen-süßen Kuss. Mein Herz bleibt stehen.

Die letzte Reise

Irmelind Klüglein

Er geht hinaus in die Dünen, wandert bis zu den Wassern, wo der Wind aufsteht, der rastlose Wellen schlägt und Möwenschreie landeinwärts trägt. Seine Augen schneiden in die Weite, nirgends ein Kahn, ein Schiff. Kein Punkt, der sich heraushebt wie ein Riff, seinen suchenden Blick zu halten. Wo sind sie alle, die Fahrenden von einst, die Jungen, die Alten? Haben sie gewendet, die große Fahrt beendet, haben sie Heimat gefunden? Er flüstert es den Windgeistern zu, erzählt es der steigenden Flut: „Auf allen Schiffen, auf allen Meeren", so ist es zu lesen in meinem Seefahrtsbuch. Oh Seemannsfluch − alles vorbei − alles gewesen!

Mein Rumpf einst schimmernd und fest, wie gelackt, meine kräftigen Arme, die alles angepackt, verblichen, verschlissen wie ein tausendfach gewaschenes Tuch, von Stürmen gepeitscht, von der Sonne verblichen wie ein uraltes Buch, ausgefranst wie eine Flagge am Mast, von Fernweh getrieben, ohne Ruhe, ohne Rast.

Mein junges Herz, das sich als Moses, Jungmann und Matrose aufgespannt wie die Flügel eines südlichen Albatros, dehnte sich über alle Zeit, war leicht und weltengroß.

In einsamen Häfen, unberührt von Touristen und gehetzten Massen, ging ich auf geheimnisvollen Wegen, zwischen niederen Hütten und engen Gassen, zu den lachenden, lockenden Mädchen, um diese an ihren Hüften zu fassen. Zwischen fremden Gerüchen und kleinen flackernden Lichtern lauschte ich den verheißungsvollen Gesängen, folgte auf leisen Sohlen braunen Mandelaugen – Gesichtern in schwülen Gängen.

Meine Sehnsucht trieb mich, die wilde Gefahr zu suchen, das unbekannte Land. Sie hat mir das ewige Brausen in meine Adern gebrannt. Wieder und wieder sprangen meine Augen über die rufenden Meere, suchend nach Zeichen, voll von Hoffnung, einmal das Land meiner Träume zu erreichen.

Tausende von Tagen und Nächten wanderte ich auf der Brücke hin und her, sah die Milchstraße, sah Sternenhaufen, das große Lichtermeer, auf den Dampfschiffen, den schnaubenden alten, auf Motorschiffen, dann auf Schuten, die Hunderte von Containern halten.

Leuchttürme und Feuerschiffe wiesen uns den Weg durch landnahe Wasserstraßen. Draußen, in der endlosen Fernen, folgten wir den Sternen, der Sonne, dem Kompass, dann dem GPS, diesem technischen Boten. Wir tranken, lebten, vergaßen, träumten von den warmen Lippen, den roten.

Wir durchquerten die südliche und nördliche Hemisphäre, sahen die wallenden Nordlichter und starrten in phosphoreszierendes, nächtliches Meer. Wir spähten hinaus, grüßten die stummen Lichter der fahrenden Gefährten, die auf unsichtbaren Wegen unseren Kurs kreuzten, bei Nacht, sahen Fratzen, Geistergesichter, hörten den Klabautermann, der immer ruft und immer lacht.

Auf turmhohen Wellen sind wir geritten wie auf tosenden Rossen, sind donnernd hinab geschossen, eingetaucht in das gähnende Maul, in den brodelnden, schwarzen Schlund, der uns schäumend umfing, wie ein Höllenhund. Wir haben gebetet, um unser Leben gefleht, uns an das Ruder geklammert und Hoffnung in die wütende Nacht gesät. Rasmus, unser gefürchteter Reisegefährte, der zu uns gehörte, war unser heimlicher Freund, der wie ein sicherer Schatten aus der Gischt sprang und sich mit uns vereint.

Aus dem Meer der Erinnerungen taucht er in die wartende Nacht. Der wilde Nordwest reißt an seinem Haar, wirft ihm Salzluft in sein Gesicht, kühlt, wie es immer war, seinen brennenden Schmerz und aus seinem Herz fallen wie schweren Ankerketten Worte, steigen himmelwärts: „Hier bin ich Rasmus! Ich warte, stehe fest im Sturm wie der Turm von St. Vincent, doch mein Herz ist wund, ist müde und möchte die Stund."

Der Sturm reißt ihm die Worte aus dem Mund, streut sie über die Dünen, mischt sie zu den Schreien der Sturmvögel am Himmel, irgendwo Glockengebimmel. Er, der alte Kapitän, streift die Schuhe ab, steigt ins Nass, setzt den Kurs, er ist bereit, es ist Zeit, Zeit um auszulaufen. Es ist so weit.

Er refft die Hosen wie Segel für das Sturmgebraus, geht hinaus. Die See züngelt an die Knie, gurgelt, gurrt, schäumt weiße Kronen in das bleierne Blau.

Er wankt, zögert, schwankt, sieht vor sich ein weisendes Tau, taucht hinein in die gierige, schaurige, wilde See. Sie schnalzt und schmatzt, windet sich feucht um seinen Leib, wie ein ungezügeltes Weib.

Wasser peitscht ihm ins Gesicht, er spürt es nicht. Vor ihm, gleißend, ein Feuerschiff — alles klar, volle Fahrt voraus, nirgends ein Riff!

Der Wind höhnt, dröhnt und lacht.

Die letzte Reise, sie ist vollbracht!

Salzige Spurensuche in unserem Alltag

Kaiserschmarrn

Hans-Peter Kreuzer

„TU FELIX AUSTRIA" – wieda moi hòd `s gstimmt
Zwoahundert Jahr is `s jetzt fast her
wia auf d` Welt da Franzl kimmt.

Sei Muadda, d` Herzogin Sophie,
und sei Vadda, da Franz Karl,
hom auf n` Nachwuchs gfiebert hi.

Do lang is hoid koi Kindal kema.
Zletzt hòd da Leibarzt gebn den Rat,
d` Sophie soillt a Salzbad nehma,

in Bad Ischl wàr `s net fad.
Dò wàrn d` Regenten unter sich
und ansonsten wàr `s recht staad.

Der Rat war guat, des muass ma sâgn.
S` Salz hòd sei gsunde Wirkung zoagt,
wo d`Schwangerschaft a Frau duad plâgn.

An gsundn Buam hòd s`drauf geborn.
Im Schloss Schönbrunn hom s` jubiliert.
Für d`Leit is er da „Salzprinz" wordn.

Wiara groß gwen is da Bua,
soillt a da Kaiser werd`n im Land.
Do im Land hòd `s gebn koa Ruah.

Gebn hòd `s a Revolution.
Ois de kurz drauf war niedergschlogn,
hòd da Franz bestiegn an Thron.

D` Sissi ìs sei Kaiserin wordn.
Dò hòd do glatt de Romy Schneider
am Karl-Heinz Böhm de Treue gschworn.

Und wem verdanka mir den Schmarrn?
Dem Salz im Wasser von Bad Ischl!
I glaab, do muass i a hifahrn!!!

Salzige Contenance

Wolfgang Rendl

Schon seit Stunden saß er an seinem Schreibtisch und wollte sich geradezu verbittert in seine Akten verbeißen, doch in dieser Weise sah das die Contenance so nicht vor. Keine gekrümmte Körperhaltung, ein aufrechtes Sitzen und mit den Händen geschmeidig über die Ordner gleiten, das wäre es gewesen. Franz Josef I. – und auch der Letzte, das fühlte er – rang mit sich, aber nur so, wie es die Contenance vorsah. Nein, er rang wirklich. Hatte ihn doch vorhin die Nachricht von der Ermordung seiner Frau in Genf erreicht. Gewiss war in ihren Sterbeminuten ihr Leben noch einmal vorübergeglitten. Der Kaiser wusste so wenig von ihren innersten Regungen, dass er resigniert laut geseufzt hätte. So aber blieb es bei einer Andeutung. Ersatzweise fühlte er nun sein eigenes Leben an ihm vorüberziehen, eigentlich nur einige Stationen. Ein „Salzprinz" war er gewesen, sehnlichst erhoffter Spross seines Hauses. Nach Jahren des Wartens hatte das salzige Wasser von Bad Ischl seine Wirkung gezeigt und ihm sogar noch weitere Geschwister beschert. Die Kindheit hatte man ihm durch Drill reichlich versalzen, doch war es wiederum Bad Ischl gewesen, wo er seine Verlobung mit Elisabeth beging. Elisabeth, die nie erwachsen Werdende, ewig die Jugendliche Spielende, stets auf der Flucht vor dem Hof und sich selbst. Aber Franz Josef spürte auch ein wenig Dankbarkeit dafür, denn das Leben hatte ihn so doch merklich gestählt oder zumindest geradezu in Salz eingelegt. Ja, er würde noch lange seinem Reiche zu Diensten sein, ein Reich, dessen Salz aber kraftlos zu werden begann. Contenance! Die Arbeit! Bald käme wahrscheinlich sein Flügeladjutant. Aber die Elisabeth, die würde nicht ihr ersehntes Grab im Meer bei Korfu finden können. Nein, Wien würde sie nun einholen. Aber der Kaiser bekam den Geschmack von etwas Ähnlichem wie Korfu: Etwas Salzhaltiges rann über seine Wangen. Conte… Wie hieß das noch einmal?

De Gripp'

Karl-Heinz Austermayer

Mit narrische Gliederschmerzen muaß olwei o`geh`,

d`Nas`n rinnt - da Kopf duat weh,

im Hals spürt ma`s plötzlich wia Feier brenna

und des Ohrenreiß`n is a net grod des Schöna,

zu allem Übe` kimmt dann a no a g`scheida Huast`n dazua,

dass des grod a jed`s Mal a so sei` mua`?

Alle Jahr` dawischt`s mi halt wieder - de saubläde Gripp`,

da hilft a net da best` g`moante Tip,

was ma da vorher net ois probiert,

a da Hoffnung, daß oan heier amal net a so blüaht.

De Oaner lass`n se vom Doktor impf`n,

kriag`n s`es dann trotzdem, hört ma`s um so mehra schimpf`n,

de Ander`n woll`n se mit`n kalt`n Dusch`n obhärt`n,

ob`s was huift, kon ma nur schwar bewert`n,

a Salzwassergurgler kon ma a öfters seg'n,

weil de Viren as Salz net gern mög'n,

wieder And`re doan se mit Vitamine vollstopfa

und doan a so auf a Verschonung hoffa,

de ganz de G`scheid`n doan jed`n Tag a Stamperl Schnaps einiziag`n

und nennan des dann ganz oafach — desinfektier`n !

I moan halt, des Oane huift so wenig wia des And`re schad`t,

nur wenn da Virus kimmt, zoagt se, daß ma meist koa Chance net hat,

oa Woch` hängst dann leicht damit umanand,

des hat ma halt oafach net a da Hand,

früher hat`s g`hoaß`n, da war`n de Mittel rar,

aber a heitzutag doan se de Ärzte bei da Gripp` no sakrisch schwar,

sie kinan zwar de Symptome a bisserl lindern,

aber sie kinan`s a heit — no net vo`hindern !

Z'vui is ned gsund
Da Bluatochdruck und as Soiz

Sepp Obermüller

A jeda Mensch brauchts Soiz zum Lebn,
do soist du hoit Obacht gebn,
daß du ned zu vui einimmst
und so in Schwierigkeitn kimmst.

Wenn du des gsunde Maß ned hoitst
und dei Essn vui z'stark soizt,
dann brauchst ned sei vawundat,
daß da Bluatdruck is zwoahundat.

Ja, do muaßt di übawindn
und des rechte Quantum findn.
Nimm hoit nua a kloane Prisn,
dann geht vorbei de Bluatdruckkrisn!

Schokokuchen

MaxSy Multerer

„Da muss Salz rein."

„Nein."

„Doch."

„Nein. Das ist ein Kuchen. Eine Süßspeise."

„Da muss trotzdem Salz rein."

„Wieso?"

„Schmeckt besser."

Nachdenkliche Stille.

„Versteh ich nicht."

„Glaub mir."

„Ich weiß nicht so recht."

Er gibt eine großzügige Prise Salz in unseren Schokokuchenteig. Ich bleibe skeptisch. Warum nochmal hatte ich die Vorstellung, gemeinsames Backen könnte unsere noch junge Beziehung auf ein neues Level heben?

Er füllt den Teig in die Form, ich stelle den Ofen an. Er schiebt den Kuchen hinein.

Mehrere Stunden später haben wir den Tisch für uns gedeckt. Romantisch, mit Kerze und Blumen, Kaffeebechern und Kuchentellern.

Er legt jedem von uns ein Stück Schokokuchen auf den Teller. Ich gebe jedem von uns noch einen Klecks Sahne dazu.

Er schiebt sich die Kuchengabel mit dem Schokokuchen und Sahne darauf in den Mund. Genüsslich schließt er die Augen und analysiert. „Perfekt."

Ich schiebe mir die Kuchengabel mit dem Schokokuchen und Sahne darauf in den Mund, schließe die Augen und … „Zu viel Salz."

Da Schnee

Karl-Heinz Austermayer

"Papa – heit' Nacht hat's g'schnie'm",
hab'n ma de Kinder in da Fruah scho as Schlafzimmer einig'schrie'n,
– an halben Meter Neischnee über Nacht,
des is de langersehnte Winterpracht –
hoffentlich halt er a a bisserl o',
damit ma mit de Kinder an Schnee nausko',
an Garten drunt an Schneemo bau'n,
a amoi beim Eisla'fa vo'beischau'n,
Schlittenfahr'n und Schneeballschlacht,
i gla'b, daß do a jed's Kinderherzerl lacht,
as Skifahr'n macht ganz b'sonders fit,
am besten fahr'n glei alle mit,
vielleicht no an Spaziergang - im Scheegestöber,
a des macht a Freid' - dooch naus müass' n – des möchert i iatz neder !

Denn bei aller Liab zum Schnee mua ma a an de Leit denka,
dene da Schnee an Haufa Arbat duat ei'schenka,
bis er endlich amoi überall liegt
und uns de langersehnten Winterfreiden bringt.

Da Winterdienst mua dauernd fahr'n
und derf dabei net mit Streisalz spar'n,
weil Salz de glatten Straß'n wieder befahrbar macht
nach a schneereichen, eisigen Winternacht !

De Polizei kriagt gar nia a Ruah,
weil's de vuien Unfälle aufnehma mua,
wenn wieder amoi oaner de Verkehrsregeln vo'letzt
oder ganz oafach sei eigen's Fahrvermögen überschätzt !

Dann werd'n oft gnua no de Mediziner braucht,
weil's z'rechter Zeit amoi oan z'sammastaucht,
de Ärzte müass'n de Vo'letzungen dann wieder kitten
und de Leit' dann wieder z'sammaflicken.

Wenn's also drauß'n glatt werd auf da Straß'
macht des hoit grad a de "Freiwilligen" Spaß,
beruflich - des is wohl an jeden klar,
is ma dabei in a ständigen Gefahr,
daß oan bei da Arbat irgend was passiert,
do kon ma no a so aufpass'n, es langt ja scho',
wenn's an andern pressiert –

So hat da Schnee seine guat'n und a schlecht'n Seit'n,
de dem Oan a Freid' und dem Ander'n wieder Sorgen bereit'n,
trotzdem - g'hört er zu rechten Zeit hoit her –
weil a Winter ohne Schnee, der is ganz oafach – leer !

Die Spur

Dagny Reichert

Fünf Uhr Dienstbeginn.
Normal ist um sechs.
Personalmangel. Da kann man nichts machen.
Palette für Palette
aus dem Lager in den Laden.
Obst- und Gemüsekisten
ins Regal wuchten, böse Schinderei.
Für jede Melonenkiste sollte es ein Wärmepflaster geben.
Jetzt Milchprodukte.
Zuletzt die Tiefkühlkost.
Handschuh verloren, selber schuld.
Mit eissteifen Händen einräumen.
Die Zeit drängt. Wir öffnen gleich.

„Machst du mir noch schnell den Aufsteller mit dem ‚Reichenhaller‘ fertig?“
Kleine, gelbe Packungen,
immer zwanzig im Karton.
Jeden davon mit Cuttermesser vorne aufschlitzen,
„zur Gewährleistung des direkten Zugriffs“, heißt es.
Geschafft. Ab an die Kasse. Headset ins Ohr.
Um sieben steh’n schon Leute vor der Tür.

Waren übers Band ziehen. Tägliche Routine.
Da sagt eine warme Stimme: „Die Packung ist undicht“,
eine Hand schiebt sich ins Gesichtsfeld.
„Ich hab‘ hier alles vollgerieselt.“
„Macht nichts. Ich hol‘ eine neue.“
Zwei Hände berühren sich. Der gleiche Gedanke.
Manchmal spielt ein Cuttermesser Amor.

Salzige Spurensuche in unserer Sprache

Salzblumen

Wolfgang Rendl

Zerbrechliche Gebilde
Kristalle bleckend
ohne den Duft
der Blumen
verkünden zu können
bedürfen sie
des Wassers
des uns Menschen
nicht Lebensspendendes
um dann im Wasser
der Menschen
zu vergehen
sich aufzulösen
nicht ohne
Spender von Freuden
gewesen zu sein.

Gourmetmomente

Marion Liedtke

Melodie in den Ohren
eine Prise auf der Zungenspitze
mineralisch im Geschmack
crunchy wegen der Kristalle

La Fleur de Sel
klingt deliziös
und deutlich eleganter
als Salzblume!

Salzige Gstanzl

Hans-Peter Kreuzer

Wannst in Himmi, sågt er, wuist kemma, sågt er,
muasst a Salz, sågt er, mitnehma, sågt er,
weil im Himmi drobn, do hom s´ des net, sågt er,
und zum Radi-Salzn wàr des bläd!

Bist a Jaga, sågt er, der wâs taugt, sågt er,
brauchst an Leckstoa, sågt er, im Revier, sågt er,
weil as Wuild, sågt er, braucht a Salz, sågt er,
so wia d` Kuah im Stall und a da Stier.

Wannst für`s Salz, sågt er, wuillst vui ausgebn, sågt er,
machtst a Roas, sågt er, in Himalaya, sågt er,
weil do drobn, sågt er, hod `s Salz a Uhr, sågt er,
drum sågn s` Ur-Salz dazua.

Bei uns gibt `s Leit, sågt er, de meng koi Fleisch, sågt er,
und koane Eier, sågt er, und koa Salz, sågt er.
Dò is de Sorg, sågt er, und de Frâg, sågt er,
wia überlebn de jeden Tâg.

Hâst a Haferl, sågt er, voll mid Schmoiz, sågt er,
brauchst d` a a Büchsl, sågt er, voll mit Salz, sågt er,
weil so a Schmoizbrot, sågt er, schmeckt erst guat, sågt er,
wann ma gscheit draufsalzn duat.

Wann di d`Haut juckt, sågt er, bis auf `s Bluat, sågt er,
huilft gsalzns Wasser, sågt er, ganz guat, sågt er.
Am Toten Meer, sågt er, dò kannt `s sei, sågt er,
dass boild vorbei is mit da Juckerei.

Wann da Doad, sågt er, schleicht zuawa, sågt er,
weil `s an da Zeit wàr, sågt er, liaba Huaba, sågt er,
schickts d``n weida, sågt er, auf sei Walz, sågt er,
zwengs dem Schinken, den s d`no host im Salz.

Drent beim Hias, sâgt a, werd a Sau gschlacht, sâgt a,
Dò gibt `s a Kesselfleisch und a feins Kraut, sâgt a,
D` Würscht werdn gselcht, sâgt a, wia ma s`mog, sâgt a,
de freile gibt `s net vor `m Stephani-Dog.

Unser Bäcker, sâgt a, backt Brezen, sâgt a,
Mit weiße Kerndl, sâgt a, drauf aus Salz, sâgt a,
de san gformt, sâgt a, perfekt, sâgt a,
jetzt wisst `s, warum mir so a Brezn schmeckt.

Beim Advokatn, sâgt a, kriags d`an Rat, sâgt a,
der ko guat sei, sâgt a, oder net, sâgt a.
Is a schlecht, sâgt a, gibst d` auf, sâgt a,
a gsalzne Rechnung kriags d` obn drauf.

Mit meine Gstanzl bin i jetzt am End
I hoff`sie warn eich salzig gnua.
Zum Salz gab `s mehra no zum Sâgn,
do länger mog i eich damit net plâgn.

Quadra

Wolfgang Rendl

Das Salz in meinen Wunden brennt,
doch keiner hat es je gestreut.
Wer großes Narrativ verkennt,
der hat es ganz von selbst bereut.

Salzericks

Sybille Trapp

1

ein Chiemgauer Nachwuchspoet
zum Dichten ins Saunabad geht
er schwitzt ungeniert
was ihn inspiriert
und salzig Gereimtes entsteht

2

das adlige Fräulein Hermine
geht jeden Tag in die Saline
was ist schon dabei
das Salz macht sie high
zum Chillen lockt Mozarts Praline

3

ein Perchtenpaar mit kranken Lungen
hat furchtbar um Frischluft gerungen
es kurte mit Sole
das kostete Kohle
jetzt jodeln sie innig umschlungen

4

ein Salzleckstein auf dem Hochkalter
lockt Wildtiere in jedem Alter
die Salzschleckerei
ist gut fürs Geweih
laut Bayrischem Staatsforstverwalter.

5

ein Fischer aus Wald an der Alz
streut gern auf sein Frühstücksei Salz
die Hypertonie
zwingt ihn in die Knie
sein Hausarzt verordnet ihm Schmalz

6

ein Salzhund aus Bad Reichenhall
hört oben am Berg einen Knall
läuft übers Geröll
zum Hohen Göll
dort bringt ihn ein Querschuss zu Fall

7

ein Haifisch im Königssee schwimmt
recht auffällig er sich benimmt
im Wasser statt Salz
nur Hopfen und Malz
deshalb ist das Tier so verstimmt

8

ein Klippfischpaar flieht vor zwei Bären
nach Prien an den Strand zu den Schären
streut Salz auf die Schuppen
zecht bis in die Puppen
um Angreifer abzuwehren

9

ein Lachsweibchen laichte im Inn
dort kam es mit Mühe nur hin
der Weg war beschwerlich
das Männchen begehrlich
nach Salzstangen steht nun ihr Sinn

10

im Hintersee taucht Melusine
nach ihrer Dessertapfelsine
zu salzig der Hauptgang
aus grünlichem Seetang
jetzt braucht sie schnell Obstvitamine

11

der Salzbergwerkführer erklärt
wenn man in den Stollen einfährt
dass unten am See
die Wasserwachtfee
die Tickets der Gäste verzehrt

Salzige Spurensuche
in der Geschichte unseres Salzreichs

Die Süße des Salzes

Robert Höpfner

Wenn man in Grassau lebt, fällt die salzige Spurensuche leicht. Man muss sich nicht beschwerlich auf die Suche begeben, man wandelt hier nämlich durchgängig auf den Spuren des Salzes, denn durch den Ort verlief von Ost nach West eine unterirdische Soleleitung. Entlang etlicher Straßen und Wegen fährt und läuft man noch heute darauf. Doch eine Spurensuche sollte mit einem sichtbaren und möglichst eindrucksvollen Fund enden, und das tut es in Grassau, noch dazu verbunden mit einem süßen Genuss. Denn das Suchen fällt nicht nur mit dem Finden zusammen, sondern auch mit dem Genießen, und das an einer bedeutsamen historischen Stelle – nämlich an der Brunnhausanlage Klaushäusl, einer vollständig erhaltenen Pumpstation, an der einstigen Soleleitung von Traunstein nach Rosenheim.

Was hat es mit dem süßen Genuss auf sich? Nun, hier kann man vor oder im kleinen Haus, in dem zu Zeiten des Betriebes die zwei Brunnwartgehilfen gelebt haben, Apfelstrudel mit Sahne, Käsekuchen mit Rosinen und im August saftigen Zwetschgendatschi genießen. Viele Radfahrer und Wanderer, die auf ihrer Tour vorbeikommen, machen hier Rast.

Auch ich komme gerne hier her, aber nicht nur, weil ich den hausgemachten Kuchen genieße. Während ich gedankenverloren zusehe, wie die Radler von ihren E-Bikes absteigen, entführt es mich in die Zeit, als die Brunnhausanlage in Betrieb war, von 1810 bis 1958. Hart war das Leben der Brunnwartsgehilfen, die auf engem Raum in dem Häuschen wohnten und zusammen mit dem Brunnwart tagein, tagaus dafür zu sorgen hatten, dass die herangeführte Sole stetig in Fluss blieb, die Wassersäulenmaschine ihren Dienst tat und die Wasserzufuhr aus den Bergen zum Betrieb dieser genialen Pumpenkonstruktion nicht unterbrochen wurde.

Ich stelle mir dann vor, was sie wohl dazu gesagt hätten, wenn ihnen irgendwer erzählt hätte, dass einige Jahrzehnte später vor ihrem Haus Menschen sitzen werden, für die das Verweilen ein Freizeitvergnügen darstellt und die Salz in beliebiger Menge in Supermärkten kaufen können. (Anstelle des Wortes Supermarkt hätte dieser jemand von Läden sprechen müssen, die die vierfache Größe der Niederreserve haben und in denen es in Hülle und Fülle Waren aus aller Welt gibt.) Ihnen wäre der Mund offen stehen geblieben, hätte man ihnen gesagt, dass neben dem Salz aus den hiesigen Abbaugebieten auch Salz aus dem Himalaya, Inka-Salz aus den Anden Südamerikas, Wüstensalz aus der Kalahari, Persisches Blausalz, Fleur de Sel und noch andere zu haben sind, die man sich auch noch mühelos ins Haus liefern lassen kann. Den Erzähler hätten die beiden spätestens dann als Märchenonkel aus ihrem bescheiden eingerichteten Raum gejagt, wenn er ihnen gesagt hätte, dass es sogar ein Salz namens Kalamak geben wird, das wegen seines Ei-Aromas in der veganen Küche als Ei-Ersatz Verwendung findet. Wie er ihnen den Begriff „vegan" verständlich gemacht hätte, ist eine andere Frage.

Gänzlich fassungslos würden die beiden reagiert haben, hätte man ihnen dargelegt, wie die Menschen von heute sich ernähren. Denn bei ihnen gab es zum Frühstück Wassersuppe mit Mus (Wasser, Mehl und Schmalz), mittags wieder Mus oder Pressknödel und Kasnocken und zu Abend Mus und Pressknödel. Getrunken wurde dazu Quellwasser. Kuchen gab es nur, wenn die Frau des Brunnwartes einen gebacken hatte und für die Gehilfen zwei Stücke abfielen.

Gerne besuche ich auch das angeschlossene Museum, in dem man sich ein anschauliches Bild über die damalige Salzförderung und den Transport mittels der aus Deicheln bestehenden Leitung machen kann. Das Wort Deichel ist nicht selten mein Einstieg in Plaudereien am Tisch, an denen wegen des begrenzten Angebotes immer mehrere Personen Platz nehmen. Die meisten hören das Wort zum ersten Mal. Ich erkläre ihnen dann, dass es sich um durchbohrte, ca. vier Meter lange Fichtenstämme handelt, die zusammengesteckt wurden. Durch diese floss die Sole wie durch hölzerne Speiseröhren. Sie wurde hier am Klaushäusl in der Niederreserve gefasst und dann vierzig Meter hinauf in die Hochreserve gepumpt, von wo sie weiterfloss bis zur nächsten Station in Bernau/Bergham und über weitere Stationen bis zur Saline in Rosenheim. Die Leute nehmen das stets interessiert auf, während sie ihren süßen Kuchen verspeisen oder ein Radler trinken. Manche bekommen daraufhin Appetit, mehr zu erfahren und besuchen anschließend das Museum. Hier können sie auch originale Deicheln bestaunen, die seit hundert Jahren auf dem Trockenen liegen und von ihrer bewegten salzigen Vergangenheit träumen.

Als Fazit lässt sich feststellen, dass sich eine salzige Spurensuche versüßen lässt und das nicht nur kulinarisch.

Das weiße Gold der Chiemgauer Berge

Georg Berghammer

„Man reiche mir bitte das Salz," ereifert sich Max am festlich gedeckten Mittagstisch. Wohlwissend, dass sein adeliger Vorfahr und Namensvetter, Herzog Maximilian, bereits anno 1617 in weiser Voraussicht den Wert vom weißen Gold der Chiemgauer Berge erkannte und somit heute noch als Gründungsvater der Saline Traunstein gilt. Er befehligte den Bau der Soleleitung von Bad Reichenhall nach Traunstein und trug so entscheidend zum Salzreichtum und Wohlstand im Chiemgau bei. In seiner geradezu herrisch anmutenden, fordernden Gestik ähnelt Max frappierend seinem erlauchten Vorbild. Ehrgeiz, Weitsichtigkeit und Klugheit zeichnen ihn aus. Nicht weniger erhaben zeigt sich Karl Theodor. Geschichtsbeflissen und in geradezu kurfürstlicher Manier blickt er verschmitzt und doch ehrfürchtig zur prachtvollen Ahnengalerie. Sein Ahnherr war schließlich der Bauherr von vier Sudhäusern, die über Generationen hinweg viele Chiemgauer mit Arbeit und Brot versorgten. Zeremonienartig, elegant und höfisch nimmt er als Darsteller von Kurfürst Karl Theodor die kunstvoll geschmiedete Saleria zur Hand, jenes prunkvolle Salzgefäß, welches extra zu diesem feierlichen Anlass von dem seinerzeit berühmten italienischen Bildhauer Cellini angefertigt wurde. In der mit purem Gold ausgekleideten Schatulle tummeln sich tausende perlmuttweißglänzende Salzkristalle, die scheinbar in ihrer Welt ein munteres Eigenleben führen. Es scheint so, als würde unter ihnen ein geheimnisvolles Salzgeplänkel zu hören sein. „Wie wertvoll sind wir doch, auch als einzelnes Salzkorn. Uns zu Ehren ist diese noble Gästeschar zusammengekommen. Und wenn sie im dunkelsten Stollen immer noch auf uns herumhacken, so tun sie dies nur mit der Absicht, uns nach Jahrmillionen endlich mal ans Tageslicht zu bringen." „Um uns gleich darauf wieder zu verspeisen" mucken einige kleinere Körnchen auf. „Wenn wir uns zusammentun, können wir der adeligen Sippe gehörig die Suppe versalzen", meinen gar die besonders Rebellischen. „Jetzt lasst uns mal wieder zur Vernunft kommen, wir sollten stolz sein auf die Verdienste, die wir auch den Chiemgauern über lange Zeit schon erwiesen haben." „Lasst uns den Mittagsschmaus beginnen", ruft der Gastgeber im Hause Salzmeier schon etwas ungeduldig in die illustre Tischgesellschaft, zu der sich noch Johann Sebastian gesellt. Nicht der geniale Schöpfer der weltberühmten Bachkantaten, wohl aber der begnadete Baumeister und Architekt Johann Sebastian von Clais, seinerzeit als Gestalter des Fortschritts und der technischen Erneuerungen weit über die Landesgrenzen hinaus bekannt und geachtet.

Immer mehr Leute aus allen Gesellschaftsschichten finden sich ein zu diesem ganz und gar außergewöhnlichem Ereignis, zu diesem Familienfest der besonderen Art. Dem Bachmaier, als ranghohem Salzmeister, ist es ein ehrwürdiges Anliegen, dass jeder zu Speis und Trank geladen wird, bei dieser traditionellen Feier zu Ehren der über Jahrhunderte salzgeschichtlich bekannten Persönlichkeiten.

Seine Dankesrede gilt in gleicher Weise auch dem niederen Volk, den Leuten, die für den heutigen Wohlstand und Salzreichtum ihren Buckel krumm machten.

„Ein Holzknecht ist ein Ehrenmann, ebenso ihr Leute von der Trift. Deichelbohrer und Salzsieder, Pfannenflicker und Fassbinder. Seid willkommen in unserer Gemeinschaft". Da fühlen sich auch die Pfieseldirnen geschmeichelt. Sie verrichten eine wahrhaftig pfieselige Schwerstarbeit. Sie alle verdienen zu Recht, an diesem traditionellen Festmahl teilnehmen zu dürfen. Lob für den großartigen Zusammenhalt der Gemeinschaft spendet auch der Chiemseer Weihbischof. Beim christlichen Abendmahl in der Rupertuskapelle spricht der hochwürdige Herr, so wie einst Jesus, die segensreichen Worte:

„Brot und Salz, Gott erhalt's."

Frauenarbeit in den bayrischen Salinen

Gudrun Bielenski

Die Salzproduktion in der Saline in Traunstein begann im 17. Jahrhundert. Die flüssige Sole wurde in vier Sudhäusern versotten. Jedes Sudhaus hatte eine Pfanne, geschmiedet aus Eisenblech, die 200 Quadratmeter groß und 45 cm tief war. Die Sole wurde in der Pfanne auf einem riesigen Holzfeuer langsam erhitzt und auf gleicher Temperatur gehalten, was sehr schwierig war. Das Wasser verdampfte allmählich und das Salz kristallisierte. Das nasse Salz wurde in regelmäßigen Abständen aus der Pfanne in Perkufen, das sind konische nach unten enger werdende Holzfässer, die nicht ganz geschlossen sind, so dass das Wasser ablaufen kann, geschaufelt bzw. gestoßen. Man nennt das Fuderstechen und war harte Männerarbeit. Die Frauen mussten dann mit einem Blözer das Salz in den bis an den oberen Rand gefüllten Kufen eben schlagen, damit das überflüssige Wasser ablief. Diese Frauen nannte man „Urentdirnen".

Dann wurde das Fuder, der Salzstock, mit einem Schlag aus der Perkufe herausgelöst. Die Urentdirnen mussten den geformten Salzstock auf Normgröße abmessen und zuschneiden. Das abgeschlagene Salz kehrten sie zusammen und warfen es in die Solebottiche zur Erhöhung der Salzgrädigkeit.

Den nassen Salzstock mussten die „Pfieseldirnen" oder Fuderträgerinnen ins Pfieselhaus zum Trocknen tragen. (Pfieseln heißt trocknen).

Man nannte sie auch „nasse Dirnen", weil sie im Sudhaus arbeiteten, wo es immer feucht-heiß und verqualmt war und weil sie den nassen Salzstock ins Härt- oder Pfieselhaus tragen mussten. Ein Fuder wog circa 37 Kilogramm. Die Frauen trugen ihn auf dem Kopf, um das Gewicht über die Wirbelsäule zu verteilen.

Die nassen Dirnen hießen auch Nachtdirnen, weil ihre Arbeit im Sudhaus sowohl am Tag als auch in der Nacht erledigt werden musste.

Das bedeutete auch, dass diese Frauen sexuellen Übergriffen ausgeliefert waren. Es wurde ihnen mit Entlassung gedroht, falls sie es öffentlich machten. Eine Anzeige blieb für die Männer meist folgenlos.

Die trockenen Dirnen hatten es etwas leichter. Sie trugen die trockenen Salzstöcke in die Stoßstätten, wo sie sie auf dem Boden mit Schlägeln in daumengroße Stücke für den Transport zerstoßen mussten. Die Salinenarbeiter befüllten die Fässer. Die Frauen kehrten das am Boden liegende lose Salz zusammen und verpackten die „Sez-Fuder", die als Nachfüllsalz den Transporten in die verschiedenen Städte beigegeben wurden.

Im Jahr 1772 waren 24 nasse Dirnen und 14 trockene Dirnen in der Saline in Traunstein fest angestellt.

Um eine derartige Stelle mussten sich die Frauen bewerben, und sie wurden eingestellt mit der Mahnung, „allen schuldig gethreuen fleiß anzuwenden, damit man nit Ursach finden möge, Sye ab und eine andere anstöllen zu missen."

Die Frauen mussten in der Regel ledig sein. Verheiratete Frauen waren höchstens geduldet, um den Lohn ihres Mannes, des Pfannhausers, aufzubessern, wenn es für die Familie nicht reichte. Sie waren aber immer eigenständig Beschäftigte.

Die Frauen gehörten zu der am schlechtesten bezahlten Lohngruppe. Sie bekamen im Vergleich zu den Männern die Hälfte der Zuteilungen an Korn und Weizen und an Geldlohn weniger als die Hälfte der am schlechtesten bezahlten Männer.

Bis Ende des 18. Jahrhunderts waren sie mit ihren Aufgaben wie Lasten tragen, Pfannhausern zuarbeiten und teilweise Kontrollaufgaben übernehmen eine wichtige Gruppe innerhalb der Salinenarbeiterschaft.

Das änderte sich, als Johann Sebastian Clais die Arbeitsvorgänge in der Saline rationalisierte. Die Arbeit, die die Frauen ausführten, fiel weg.

Für sie war das nicht positiv, obwohl sie schwere körperliche Arbeit verrichten mussten. Denn sie verloren die Möglichkeit eines eigenen Einkommens.

Für die Frauen gab es erst wieder Lohnarbeit im 20. Jahrhundert in der Saline Reichenhall, als durch die Paketieranlagen Pfund- und Kilopakete für den

Haushalt bereitgestellt wurde. Bis in die 50er Jahre erhöhte sich die Anzahl der Arbeiterinnen und Packerinnen.

Aktuell steigt die Zahl bei den Angestellten im kaufmännischen Bereich.

Quellen:
Renate Weber: Von„nassen und truckenen Dirnen" Frauenarbeit in den bayrischen Salinen.
Gernot Pültz: Ausgewählte Quellen aus dem 19. und 20. Jahrhundert zur Geschichte der Saline Traunstein

Dialog zweier Salinenarbeiterinnen

Gudrun Bielenski und Marion Liedtke

März, im Jahr 1706

Ursula und Maria, eine sogenannte trockene und nasse Dirn, treffen sich nach der Arbeit in der Saline in Traunstein auf dem Nachhauseweg.

Ursula: Wie geht es dir Maria, ich habe dich lange nicht mehr gesehen. Warst du krank?

Maria: Ja, stell dir vor, als ich letztens den nassen Fuder, den Salzstock, ins Pfieslhaus zum Trocknen und Härten tragen wollte, habe ich doch tatsächlich etwas, das am Boden lag, übersehen und bin gestolpert. Der schwere Salzstock ist mir vom Kopf gefallen, ich hinterher und ich schaffte es gerade noch, mich mit den Händen abzustützen. Als ich wieder aufstand, konnte ich mein rechtes Handgelenk nicht mehr bewegen, die Knie bluteten und taten höllisch weh. Danach konnte ich drei Wochen lang nicht mehr arbeiten.

Ursula: Aber du bist doch so fit gewesen in deiner Arbeit, ich habe dich immer bewundert, wie du den schweren Salzstock, der immerhin 37 Kilogramm wiegt, auf deinem Kopf balancierst.

Maria: Ja, aber einmal etwas übersehen und schon ist es geschehen. Außerdem bin ich ausgelaugt, mir tun alle Glieder weh, Rheuma hab ich wohl auch schon und das, obwohl ich noch so jung bin.

Ursula: Meinst du, weil du ständig in dem feuchtheißen Sudhaus arbeiten musst?

Maria: Bestimmt. Und der ständige Qualm durch das Holzfeuer, das unter der Salzpfanne immer brennt, macht mich auch ganz krank und geht auf die Lunge. Ich kann kaum noch eine Nacht durchschlafen, weil ich dauernd husten muss!

Ursula: Denkst du daran aufzuhören?

Maria: Das kann ich mir gar nicht leisten, ich muss meine alte Mutter, die bald 40 wird, versorgen, denn mein Vater ist ja im letzten Jahr gestorben, weil er sehr krank war. Bestimmt lag das auch an seiner Arbeit als Pfannhauser, bei der er mit den schweren, riesigen Pfannen hantieren musste, in denen die Sole gesotten wird. Aber sag mal, wie geht es dir denn eigentlich?

Ursula: Meine Arbeit ist zwar etwas leichter als deine, die trockenen Fuder vom Pfieslhaus in den Salzstadel zu tragen, ist nicht so schwer wie deine nassen Fuder, aber die harten Salzstöcke mit einem Hammer in kleine Stücke zu zerschlagen, macht mir immer mehr Mühe! Ich habe Schmerzen in den Armen und in den Handgelenken, das Knien auf dem feuchten, harten Boden finde ich besonders schlimm.

Maria: Oh ja, das ist alles wirklich schwere Arbeit für uns, aber denk daran, immerhin gehören wir zu den wenigen Frauen, die ein eigenes Einkommen haben, darauf können wir auch stolz sein. Und trotzdem, manchmal denke ich auch, hätte ich mal bloß den Franz geheiratet und wäre er nicht so eifersüchtig auf alles und jeden gewesen, dann hätte ich hier wahrscheinlich nicht schuften müssen.

Ursula: Hmm, wer weiß. Aber gut, dass ich den lahmen Conrad nicht genommen habe, der es zu nichts gebracht hat. Eigentlich können wir schon froh sein, dass sie uns hier in der Saline genommen haben, denn nicht jede Frau, die hierher wollte, wurde eingestellt.

Maria: Ja, stimmt schon, weißt du noch, wie wir uns beworben haben?

Ursula: Oh ja, kräftig mussten wir sein und einen guten Leumund mussten wir haben, sonst hätten wir keine Chance gehabt. Und jetzt dürfen wir uns auch nichts zuschulden kommen lassen, sonst feuern sie uns gleich.

Maria: Ja, aber die Männer dürfen sich alles erlauben. Weißt du, was mir letztens passiert ist? Der Sudschreiber Khäser hat mir aufgelauert und ist über mich hergefallen!

Ursula: Was, dir auch? Da sind wir wohl nicht die Einzigen!

Maria: Woher weißt du das?

Ursula: Das hat die Eva auch erzählt! Und wann und wo war das bei dir?

Maria: Als ich nach einer Nachtschicht nach Hause gehen wollte, nahm ich wie üblich den Weg von der Au zum Salzmaieramt in die Stadt über die finstere Stiege, da fiel mich plötzlich der Khäser von hinten an, hat mich niedergeworfen und mich dann übel begrapscht. Ich wehrte mich und schrie wie verrückt, aber er hat mir gedroht, mich zu erschießen, wenn ich weiter so schreie. Aber ich konnte mich dann zum Glück noch losreißen und rannte, so schnell ich konnte, davon. Und bei dir, wie ist es bei dir passiert?

Ursula: Bei mir war´s, als ich ihm ein Bier ins Haus am Äscherbründl bringen musste, da hat er sich widerlich an mich herangemacht. Zum Glück klopfte jemand an die Tür und dann musste er von mir ablassen! Hast du schon gehört, weil sich sein Unwesen an den vielen Frauen bei uns in der Saline herumgesprochen hatte, konnte unser neuer Salzmaier nicht mehr anders, als uns Frauen die Übergriffe zu glauben und etwas dagegen zu unternehmen. Er setzte die Hofkammer davon in Kenntnis und der Khäser musste endlich vor Gericht. Und stell dir vor, der Khäser ist zu zwei festgelegten Verhandlungstagen nicht erschienen und nach Burghausen abgehauen, der feige Hund!

Maria: Nein, wirklich? Hoffentlich kommt der nicht wieder!

Ursula: Aber es gibt noch genug andere hier, die auch vor Gericht kommen müssten!

Maria: Lass uns auf jeden Fall zusammenhalten und alles dem Salzmaier berichten!

Ursula: Und lieber zusammen nach Hause gehen, das ist schon mal ein guter Anfang.

Nachtrag:

Erst ca. 300 Jahre später, im Jahre 2006 wurde das Allgemeine Gleichbehandlungsgesetz gegen Diskriminierung (AGG) auf den Weg gebracht. Aus einer Umfrage der Antidiskriminierungsstelle von 2015 ging hervor, dass jeder Zweite der befragten Beschäftigten am Arbeitsplatz eine nach dem AGG verbotene sexuelle Belästigung selbst erlebt hat. „Aber: Mehr als 80% der Befragten wussten nicht, dass Arbeitgeber*innen dazu verpflichtet sind, ihre Beschäftigten aktiv vor sexueller Belästigung zu schützen."

Quellen:
1. Chiemgau-Blätter, Ausgabe Nr. 5, vom 3.2.2024, von Albert Rosenegger
*2. „Leitfaden für Beschäftigte, Arbeitgeber*innen und Betriebsräte" der Antidiskriminierungsstelle des Bundes, Oktober 2024, 10. Auflage*

Wer war Georg von Reichenbach?
Entwurf für ein Theaterstück

Uta Grabmüller

In den hier gezeigten drei Anfangsszenen spielen zwei Erwachsene (E 1 und E 2) mit. Und: ein Kopf. Das ist Georg. Wie das Stück weitergeht und ob es aufgeführt wird, steht in den Sternen …

Szene 1

E1 *am Handy:* „Verstehe. Ja. Ja. Verstehe. Ja. Wann? 2026? Dann ist er 200 Jahre tot? Und das soll groß gefeiert werden? Mit einer Ausstellung? Was? Ich weiß nicht … Na gut. Wir versuchen's." *(legt auf. Zu E2)* Eine Ausstellung sollen wir machen! Georg von Reichenbach ist tot. Also, in zwei Jahren ist er 200 Jahre tot. Dafür sollen wir eine Ausstellung machen.

Wie hinterwäldlerisch ist das denn? Wer geht denn heute noch in eine Ausstellung?

E2 *(auf dem Kanapee):* Ich hasse Ausstellungen. Du latschst durch einen hässlichen Raum und musst dir langweilige Sachen in komischen Glaskästen anschauen. Womöglich noch mit winziger Beschriftung irgendwo in Kniehöhe. Altmodisch! Das ist doch alles im Netz!

E1*:* Und dann auch noch das Thema!

E2: Was denn für ein Thema?

E1: Salz!

E2: Salz? Wie: Salz?

E1: Ja, Salz! S -A-L-Z. Salz. Wie Zucker, bloß anders.

E2: Aber Salz machen wir doch schon jahrelang!

E1: Ich weiß. Hält ja auch ewig … Ist aber schon ziemlich fad geworden, so als
Thema. Fällt dir da was ein?

E2: Nein. Keine Ahnung.

E1 *(sieht durchs Papp-Fernrohr zum Fenster raus)*:
Ich auch nicht. Unser Thema steht in den Sternen.

Szene 2

E1: Sterne! Ja! Sterne – das ist unser Thema!

E2: Spinnst du? Was haben denn Sterne mit unserem Thema Salz zu tun? Außer
dass sie mit S anfangen…

E1: Eben – das ist doch schon mal ein Anfang. S wie Sterne und Sternwarten!
Für viele Sternwarten und Astronomen hat er Instrumente erfunden und gebaut.

E2: Wer denn?

E1 *(geht Richtung der Büste Georg von Reichenbachs):* Na, er! G! G!!

E2: Wie G? Was G?

E1 *(zeigt auf den Kopf)*: G wie Georg! Unser Georg hier!

E2 *(studiert die Inschrift):* Georg von Reichenbach? Der hat doch Instrumente für die Astronomie erfunden? A wie Astronomie. Warum steht der dann hier rum? Hier im Museum „Salz & Moor"?

E1: Dann hat er bestimmt auch was mit S zu tun: S wie Salz oder Sole oder Saline oder … Soleleitung … oder Solehebemaschine oder S wie Sowas Blödes. Hat der nicht auch die Soleleitung nach Rosenheim gebaut? …

E2: Du Streber! Aber klar – du hast recht: Deswegen steht er hier im Museum rum!

E2 *(packt sich aufs Kanapee):* Ich glaube, das ist hoffnungslos. Georg von Reichenbach ist nicht zu fassen.

E1: Lass uns mal im Netz suchen, was es über den gibt.

Szene 3

E2: Was wird denn jetzt mit unserer Ausstellung?

E1: Keine Ahnung. Der hat einfach zu viel erfunden.

E2: Wer?

E1 *(tätschelt den Kopf):* Na, er hier! Georg!

E2: Was denn noch?

E1: Wart's ab. Wir waren bei S wie Salz. Was kommt nach S?

E2: T.

E1: Richtig – T. T wie Theodolit.

E2: Theo Wer?

E1: Theodolit! Kennst du nicht? So ein Instrument, mit dem man Land vermessen kann. Das hat er auch erfunden.

E2: Tatsächlich?

E1: Ja. Und stell dir vor: Daran war N schuld.

E2: N? Wer ist denn das schon wieder?

E1: Na, N wie Napoleon! Die Franzosen hatten angefangen, ihr ganzes Land zu vermessen. Na, und die Bayern waren schnell und haben es ebenso gemacht. Bayern war sogar das erste exakt vermessene Land.

E2 *(zeigt auf den Kopf)*: Und Georg hat da mitgemacht?

E1: Naja, er hat halt dabei geholfen, tolle neue Messgeräte zu bauen.

E2 *(geht zum Kopf):* Hut ab, Georg!

E1: Also, das geht auf keine Kuhhaut, was der alles erfunden hat. Und wie sollen wir denn das in einer Ausstellung unterbringen? Das geht nicht.

E2: Nein, das geht nicht.

E1: Weißt du was? Wir machen daraus ein Theaterstück!

E2: Ja! Dann können wir über alles reden und den Leuten lang und breit erklären, was mit Georg so los war.

E1: Ja genau, wir können endlos reden und quatschen und die Leute können nicht weg, die müssen uns ja zuhören, und wir reden und reden und reden ....
(beide reden weiter, werden leiser und verschwinden ...)

Die Salzrebellen

Armena Kühne

Im Jahr 1732 standen die Salzbergwerke des Berchtesgadener Lands unter der Kontrolle eines Fürstpropstes, der hohe Steuern und Zölle verlangte. Auf realem Weg konnte sich die Bevölkerung kein Salz mehr leisten. Um der Armut entgegenzuwirken, formierten sich einige Mutige zum Widerstand. Max, ein Kleinbauer aus der Ramsau, schloss sich der Gruppe an. Sie nannten sich die Salzrebellen und schmuggelten das weiße Gold aus dem benachbarten Salzburg, wo es billiger war. Ein gefährliches Unternehmen. Ständig mussten sie auf der Hut vor Grenzwächtern, den Soldaten und Spionen des Fürstpropstes sein. Sie verfolgten und bestraften die gefangenen Rebellen. Es gab Folter, um die Schleichwege der Schmuggler zu erfahren, oder sie erschossen den Rebellen gleich. Heute Nacht musste Max zur tausend Meter hoch gelegenen Mordaualm, um eine Salzlieferung abzuholen. Franz, mit dem er sonst unterwegs war, hatte sich kurzfristig krank gemeldet. Jetzt musste er seinen vierzehnjährigen Sohn Sepp mitnehmen. Maria, seine Frau, kam in die Stube. „Bleib heute daheim", meinte sie und setzte sich an den Tisch.

„Nein, das Salz muss heute Nacht abgeholt werden und wir brauchen das Geld."

Maria sah zum Fenster hinaus, der Sturm trieb den Regen beinahe waagrecht an der Scheibe vorbei. „Dieser verfluchte Sturm, da ist es im Wald gefährlich."

„Mach dir keine Sorgen, es wird schon gut gehen und Sepp ist ein kräftiger Junge."

Als der Tag sich dem Ende neigte, stapften Max und Sepp über die Almwiese dem Wald entgegen. Sein Sohn hielt sich tapfer neben ihm, obwohl er hart gegen den Sturm ankämpfte. Im Wald zündete Max eine Öllampe an. Das schwache Licht reichte gerade aus, um nicht über Wurzeln zu stolpern. Mitunter blieben sie stehen und lauschten, ob die Schergen des Fürstpropstes unterwegs waren. Aber außer dem Rauschen und Ächzen der Bäume gab es kein verdächtiges Geräusch. Nach Mitternacht erreichten sie die Mordaualm und Max klopfte das vereinbarte Zeichen an die Tür. Mit einem verschlafenen Gesicht öffnete die Sennerin. „Jessas, kommt's schnell rein", begrüßte sie die nächtlichen Besucher. In der Stube war es warm und auf dem Tisch standen Brot und Käse. „Ihr seid spät dran und warum ist Franz nicht dabei?" Die Sennerin sah Max fragend an.

„Der ist krank und bevor du weiter fragst, Sepp ist ein kräftiger Junge." Eine Weile herrschte Schweigen, nur die Kühe im angrenzenden Stall hörte man rumoren. Als die Sennerin das Schweigen beendete und erzählte, dass kurz vor Einbruch der Dunkelheit eine Streife vom Fürstpropst in Richtung Ramsau an ihrer Alm vorbeigekommen war, blickte Sepp kurz auf. „Werden die uns erschießen?"

Max schüttelte den Kopf. „Nein, die kennen unseren Schleichweg gar nicht. Und waren auch bestimmt schon auf dem Heimweg." Die Antwort genügte Sepp und er widmete sich wieder dem Käsebrot. „Der Regen wird bald nachlassen", meinte die Sennerin und begann, das Geschirr vom Tisch zu räumen.

Max lachte. „Woher willst das wissen?"

„Mein großer Zeh zwackt, das tut er immer, wenn das Wetter umschlägt."

Schon bald hatten sie das Salz in ihren Rucksack verstaut und machten sich auf den Heimweg. Der Regen ließ nicht nach, aber der Sturm hatte sich gelegt. Oft lösten sich Grasnarben unter ihren Schuhen und verhinderten so schnelles Vorankommen. Sepp meisterte den kurzen Anstieg besser und wartete am Waldrand auf Max. Von den Bäumen tropfte der Regen und sammelte sich zu kleinen Bächen, die den Hang herunterliefen. Am Horizont zeigte sich bereits ein heller Streifen, es würde bald Tag werden. Zusammen gingen sie weiter. Sepp immer einen Schritt hinter Max. Nach einiger Zeit zog Sepp seinen Vater am Mantel. „Da kommt jemand", flüsterte er. Max sah sich um und lauschte, vernahm jedoch nur das Knarzen der Bäume. „Da ist niemand, komm weiter." Nach einiger Zeit blieb Sepp wieder stehen. Sein ausgestreckter Arm zeigt auf eine Gestalt, die mit einem Gewehr im Anschlag an einem Baum lehnte. Max brauchte einige Sekunden, um zu realisieren, dass dort einer von den Fürstpropst-Schergen stand. „Wer bist du", fragte er perplex.

„Das kann dir egal sein, legt eure Rucksäcke auf den Boden, und zwar schnell, wenn euch euer Leben lieb ist."

Der Kerl hatte es auf ihr Salz abgesehen. Max überlegte verzweifelt, wie man aus dieser Situation heil herauskommen konnte. Im Seitenblick sah er, wie sein Sohn den Rucksack auf den Boden legte. Und dann ging alles sehr schnell. Sepp hatte einen Stein aufgehoben und, bevor sein Gegenüber reagieren konnte, flog der Stein an seinen Kopf. Mit einem langgezogenen „uah" sank er zu Boden. Sepp rannte sofort hinüber, nahm ihm das Gewehr ab und brachte es seinem Vater.

„Der kann uns gerade nichts mehr tun." Dabei grinste Sepp übers ganze Gesicht. Max wollte nach dem Verletzten sehen, doch Sepp hielt ihn zurück. „Lass uns schnell von hier verschwinden, bevor er wieder aufwacht."

Max war viel zu verwirrt, um seinen Sohn zu widersprechen. Sie verstauten das Gewehr im Rucksack und beeilten sich, in Richtung Ramsau zu gehen. Als ihnen nach einer Stunde niemand mehr begegnete, wich die Anspannung. Max warf ab und zu einen Blick auf seinen Sohn, der sich auf dieser Tour von einer ganz neuen Seite präsentierte. Er ist erwachsen geworden, dachte Max, und er hat uns das Leben gerettet. Der Scherge hätte sie mit Sicherheit erschossen. Ein Dieb kann keine Zeugen gebrauchen.

Zuhause angekommen erwartete sie Maria. Zusammen versteckten sie das weiße Gold in der Scheune. Die Sonne hatte sich mittlerweile einen Weg durch die Wolken erobert. Max ging etwas später die Salzrebellen warnen, dass man einen anderen Schleichweg benutzen sollte. Und allen erzählte er, was für einen heldenhaften Sohn er hatte.

Salzläuse

Petra Babinsky

Letztes Wochenende machten wir einen Ausflug ins Salzbergwerk nach Berchtesgaden. Die Tickets bestellte mein Mann online. Die Einfahrtszeit war genau festgelegt. Wir bekamen schicke dunkelblaue Overalls mit weißen Leuchtstreifen zum Überziehen. Mit der Bahn ging es in den Stollen – ich dachte zurück an meine Kindheit.

Salzbergwerk Berchtesgaden. Mit unserer Oma durften meine Schwester Ingrid und ich in den großen Ferien einen Ausflug ins Salzbergwerk machen. Für uns Kinder war das etwas ganz Besonderes. Es waren andere Zeiten. Damals verbrachten nur wenige Familien ihren Sommerurlaub in Italien, Kroatien oder Spanien. Tagesausflüge waren das Highlight der großen Ferien. Ob zum Wandern in die heimischen Berge oder ins nahe gelegene Österreich – oder bei schönem Wetter mit den Klappliegen, Decken und einer Kühltasche, gefüllt mit Paprika, Gurke und Würsteln, an den Chiemseestrand.

Unsere Oma fuhr einen Fiat 500, kanarienvogelgelb. Ingrid und ich drückten uns aufgeregt in die beigefarbenen Stoffsitze der Rückbank. Es gab noch keine Sicherheitsgurte, geschweige denn eine Anschnallpflicht. Oma steuerte ihren Wagen über die Landstraße von Traunstein nach Inzell und Bad Reichenhall weiter nach Berchtesgaden. Die Sonne schien vom wolkenlosen Himmel. „So ein Wetter mag mein kleiner Italiener besonders gerne, da fährt er wie geschmiert!" schwärmte Oma. Wir lachten übermütig und freuten uns aufs Salzbergwerk.

Der Parkplatz war besetzt mit Autos und Reisebussen. Die Schlange am Kartenverkauf lang und ebenso lang am Einlasstor. Endlich waren wir an der Reihe. Die Dame an der Kleiderausgabe musterte mit geschultem Auge unsere Konfektionsgröße und legte weiße Pumphosen, dicke schwarze Jacken und für jeden eine schwarze Bergmannskappe bereit. Für uns Kinder war es unglaublich lustig, diese weiten Pumphosen über unsere Jeans zu ziehen. Oma verschnürte die Bänder der Hosen geschickt, damit sie nicht rutschen konnten. Dann schlüpften wir in die reichlich großen Jacken und setzten die Kappen auf den Kopf. Wir hatten Glück und standen als erste unserer Einfahrtstruppe vor dem Einlasstor. Meine Schwester durfte ganz vorne auf die Besucherbahn, dann kam ich, dann Oma. Der Fotograf hielt seine große Kamera bereit und knipste fleißig die Bergwerksbesucher in ihren originellen Bergknappen-Outfits.

Glück auf!

Mit einem heftigen Ruck setzt sich die Besucherbahn in Bewegung. Die Fahrt wird rasanter – die Luft stickiger, tuffiger und kühler. Quietschend hält die Bahn an, wir steigen ab. Toll!

Jetzt geht es zur langen Holzrutsche. Meine kleine Schwester sitzt wieder vorne, ich in der Mitte und Oma macht das Schlusslicht. Fest umklammert rutschen wir tief und tiefer in den Berg hinein. Hui! Das macht ja noch mehr Spaß als die Fahrt mit der Bergbahn.

Warm ist es nicht gerade im Stollen. Oma reibt in der mystischen Salzgrotte unsere Hände.

Die schweren Geräte für den Tagebau interessieren uns wenig, aber die Fahrt auf dem Holzfloss über den ruhigen glatten Spiegelsee hätte ewig dauern können. Der Bergmann, der uns führt – daran kann ich mich gut erinnern – sagt, das Wasser sei salziger als salzig. An der Anlegestelle gibt es einen Brunnen, wir dürfen das Wasser kosten – der Bergmann hat wahrlich nicht übertrieben. Wir verziehen zwar die Gesichter, lassen uns aber dennoch nicht davon abhalten, unsere Zungen gegen die Salzwände zu strecken und das Salz abzulecken.

Die Tour endet, unser Begleiter lässt seine Kappe fürs Trinkgeld kreisen und jeder Besucher bekommt einen gelben Miniatursalzstreuer vom Bad Reichenhaller Speisesalz geschenkt. Aus einem Spind zaubert er Salzsouvenirs zum Verkauf hervor. Vorsorglich haben wir Kinder unser Taschengeld eingesteckt und kaufen ein: Je eins der rechteckigen blau-weißen Pappkartonschächtelchen mit einem Bergknappen und dem Bergknappenzeichen bedruckt. 5 DM kostet dieses Schatzkästchen, das gefüllt ist mit 6 kleinen Salzsteinen in den Farben rosa, grau, weiß und braun.

Heute steht im Eingangsbereich ein großer Shop mit vielerlei salzigen Erinnerungen. Die Pappkistchen von damals gibt es nicht mehr. Sie sind kleinen

Jutebeuteln mit Salzsteinen gewichen. Und den kleinen Salzstreuer bekommt der Besucher auch nicht mehr gratis.

Das Foto, das Oma zur Erinnerung an unseren Ausflug gekauft hat, habe ich vor Kurzem in einem Karton auf dem Dachboden meiner Eltern gefunden. Die Salzsteinschachtel nicht.
Mitgebracht aus dem Salzbergwerk haben wir Kinder aber noch etwas: viele minikleine ... Kopfläuse.

Der Preis

Dagny Reichert

524 Schritte waren es, dann stand sie direkt am Gleis. Sie liebte diesen kleinen Gang so früh am Morgen: in den Rhythmus kommen, sich einmal kurz durchpusten lassen, bevor man sich in die Sardinenbüchse quetschte.

Heute war der Zug sogar pünktlich, dafür fehlten zwei Waggons, was zur Folge hatte, dass sich die vielen Pendler an den Türen stauten. Sie hatte rechtzeitig gesehen, dass auf der ihr nächstgelegenen Tür ein „Defekt"-Schild prangte, also reihte sie sich weiter hinten in den Pulk.

Einen Sitzplatz zu bekommen war Glück und dabei zwangsweise mit Kontaktaufnahme verbunden. „Das Phänomen der hockenden Säcke" nannte sie es, und die entfernten sich nicht von allein.

„Ist da noch frei?" Widerwillig nahm der Mann seinen Rucksack und stellte ihn auf den Boden. Sie bedankte sich höflich. Maske auf, Augen zu, nach mir die Sintflut, dachte sie. Und die kam an der nächsten Station mit einem Schwall weiterer Pendler, welche jetzt zum Stehen verdammt waren. Im Schwarz der Fensterscheibe spiegelten sich von Hüften gebauschte Jacken und Mäntel. Und dann geschah das Wunder: Aus dem Schwarz wurde ein Dunkelgrau; plötzlich zeichneten sich Baumkronen ab, über denen sich der Himmel von zartrosa zu blassorange färbte. Gleichzeitig hellte sich das Dunkelgrau auf und verwandelte sich in ein milchiges Blaugrau.

Der Zug überquerte den Inn. Sie konnte zwischen den aufsteigenden Nebelschwaden die drei kleinen Strudel erkennen, welche sich in Ufernähe gebildet hatten. Je nachdem, wie weit die Schleusen an der Staustufe geöffnet waren, kräuselten sie sich zart oder traten stärker hervor und es bildeten sich kleine Schaumfläumchen. Wie mochte das in früheren Zeiten gewesen sein, als es noch keine Staustufen gab und der Fluss noch nicht begradigt, also gezähmt war? Wie hatten es die Schiffer gemeistert, ihre großen Holzladungen den Fluss hinunterzuschaffen? Der Inn musste bei Schmelzwasser ein reißender Gebirgsstrom gewesen sein, felsig, mit Untiefen, dazu die sicherlich viel stärkeren Strudel, die einen hinabziehen konnten. Man zahlte einen hohen Preis an Menschenleben für den Wohlstand der Region. „Ohne Holz kein Salz" hieß es, und das Salz war kostbar wie Gold.

Die Durchsage des Zugbegleiters riss sie aus ihren Gedanken; sie quetschte sich zwischen den Stehern hindurch zum Aussteigen. Bis zu ihrem Arbeitsort, dem städtischen Gymnasium, lagen noch 15 min Fußweg durch die erwachende, vom nächtlichen Regen reingewaschene Stadt vor ihr.

„Hallo Monika, wie geht's? Du erinnerst dich? Birgit vom Spanisch-Kurs." „Ach ja, guten Morgen!" Es war ihr gar nicht recht, aufgehalten zu werden, aber was sollte man machen? Diese Birgit redete gleich weiter: „Ich muss zum Arzt, und du? „Zur Arbeit", antwortete sie. „Und was machst du so?" – „Ich unterstütze von Autismus betroffene Kinder und Jugendliche in ihrem Schulalltag.“ – „Meinst du nicht, wenn ein Kind auf einer normalen Schule nicht klarkommt, dass es halt ‚woanders‘ hin gehen sollte?“ – „Ah, und wohin?“ – „In Zeiten eines knapp bemessenen Staatshaushalts muss doch die Frage gestattet sein, ob auf derartige ‚Maßnahmen‘ nicht verzichtet werden kann. Schließlich wird das Fachkraftgehalt ja vom Steuerzahler erwirtschaftet.“ O je, das hatten wir doch schon mal, dachte sie, aber sie sprach es nicht aus. Sie wusste, es hatte keinen Sinn, sich auf solche Gespräche einzulassen. „Du, sei nicht bös‘, ich muss weiter“, sagte sie stattdessen, „gern ein andres Mal. Alles Gute beim Arzt.“

Wieviel ist ein Mensch wert? So lange ein Mensch einen Preis hatte und nicht als unbezahlbar galt, würden diese Diskussionen über tolerierbare „Kollateralschäden“ des Wohlstandes immer wieder aufkommen. Damals Bergarbeiter, Holzfäller und Schiffer, heute beeinträchtigte und alte Menschen. In ihrem besonderen Fall noch dazu völlig zu Unrecht. Diese meist überdurchschnittlich intelligenten Kinder würden eines Tages nämlich in gut dotierten Berufen tätig sein und dem Staat hohe Steuereinnahmen bescheren. Jede Investition in eine Inklusionskraft zahlte sich also vielfach aus.

Kopfschüttelnd überquerte sie die letzte Kreuzung und kam gerade noch pünktlich zum Unterricht. Wie grenzenlos überrascht war sie, als der 13-jährige autistische Junge den Kopf hob, sie zum allerersten Mal mit schiefem Lächeln ansah und meinte: „Ich hab‘ schon auf dich gewartet, Frau Widmann.“ Unbezahlbar, dachte sie, für mich ist genau das unbezahlbar.

Einhundertziebzig Jahre danach

Robert Höpfner

Die Dorfkirche in Staudach-Egerndach –
neben der Türe eine kleine Steintafel,
eingelassen in die Wand. Ich trete heran:

> Dem Andenken ihres unvergesslichen Kindes
> Peter Graf.
> Brunnwart-Söhnchen von hier
> welcher gestorben den 20ten Juli 1850
> im 5. Jahr seines Alters.
> Errichtet von den tieftrauernden Ältern

Einhundertsiebzig Jahre nach dem tragischen Ende:
    Längst tot die Ältern, längst tot dieses Wort.
    Längst tot alle, die das Kind kannten.
    Längst tot das Söhnchen, wäre es Erwachsener geworden,
    tot dessen Söhne, die er hätte haben können
    tot dessen Töchter, wären sie ins Leben getreten.

Tot der Steinmetz, der die Worte einmeißelte.
Ungezählt die Toten, die beim Gang in die Kirche
die Tafel passierten.
Längst stillgelegt die Soleleitung,
längst von anderen bewohnt das Brunnwärterhaus.

Einhundertsiebzig Jahre danach –
wen gibt es noch, dem das Söhnchen unvergessen ist?
Wäre da nicht einer, der das Kind, den Peter,
im Garten des Brunnwärterhäuschens sitzen sieht –
versunken im Spiel, das Leben vor sich.

Gedicht verfasst im Jahr 2020.

Erläuterungen:

Die Kirche befindet sich im Ortsteil Egerndach der Gemeinde Staudach-Egerndach, durch die von 1810 bis 1958 die Soleleitung von Traunstein (von Bad Reichenhall kommend) nach Rosenheim lief. Das ehem. Brunnwärterhaus in Staudach, in dem der Brunnwart mit seiner Familie lebte, ist in seiner damaligen Form erhalten.

Lost in History

Michael Schorr

Heute weiß das ja niemand mehr. Die sorgfältig geführten Akten der Kriminalinspektion Traunstein verbrannten 1851 beim großen Brand, dem unter anderem auch Rathaus, Rentamt und Landgericht zum Opfer fielen.

Aber mein Opa erzählte mir noch auf dem Sterbebett, das er über einen doch erheblichen Zeitraum – meine Oma sprach von gewissenloser Bequemlichkeit – bis vor zwei Jahren beharrlich hütete, eine nahezu unglaubliche Geschichte, die ihm angeblich sein Opa, also mein Ururopa, beiläufig im Vertrauen offenbart hatte:

Im Jahr 1805 ging in Traunstein das Gerücht um, der bayerische Staat plane eine nagelneue Sole-Pipeline bis Rosenheim. Und der Urururopa meines Opas hatte einen sicher geglaubten Job als Pfannhauser in der Saline. Er befürchtete einen massiven Personalabbau bei über 40-jährigen, wenn jetzt die Rosenheimer auch im Salzgeschäft mitmischten. Deshalb plante er mit einem befreundeten Kollegen als Zeichen zivilen Aufbegehrens einen Anschlag auf die bestehende Leitung von Reichenhall nach Traunstein irgendwo in steilem, schwer zugänglichem Gelände. Wo genau, wusste mein Opa nicht – spektakuläre Bilder von einer Wanderung durch die Weißbachschlucht tauchten vor meinem inneren Auge auf.

Der große Bums sollte am 5. November 1805 Guy Fawkes zu Ehren erfolgen. Mein Vorfahr samt Freund hatten hierzu bereits einen hitverdächtigen Popsong zum zweihundertsten Jahrtag des Gunpowder Plots getextet: *„Remember, remember, the Fifth of November, when Drownstone made Fun of Rosehome"*.

Zehn Fässer Schießpulver wurden von ihnen in der felsigen Klamm deponiert. Aufspritzende Gischt durchnässte dann leider die Zündschnur, und nichts passierte. Brunnenknechte, die die Pipeline routinemäßig inspizierten, entdeckten Tage später die Fässer und alarmierten die zuständige Gendarmerie in Traunstein. Verwertbare Spuren mit Hinweisen auf die Identität der als ortsfremde Terroristen eingestuften Attentäter – womöglich aus dem nahen Salzburgischen – fanden sich jedoch weder an den Sprengstoffbehältern noch auf dem schmalen Steig. Das Motiv blieb rätselhaft. Georg von Reichenbach war da noch nicht mit der Angelegenheit befasst gewesen. Ob er später davon erfuhr und entsprechende Vorkehrungen für eine intensivere Überwachung der neuen Pipeline Süd-Strom 2 nach Rosenheim traf, ist nicht überliefert.

So weit, so gut. Mein Opa war für seine ausschweifende, bei uns Enkelkindern stets sehr beliebte Fantasie bekannt gewesen.

Im Juni 2022 jedoch besuchten ihn zwei etwa 40-jährige Russen mit einer Flasche vierzigprozentigen Wodkas aus der berühmten Moskauer Brennerei

Smirnoff. Deren Opas hatten den meinen um 1947/48 in einem sibirischen Kriegsgefangenenlager kennengelernt und ihm ein passables Russisch beigebracht. Wie durch ein Wunder hatte er dort überlebt, bis ihn Konrad Adenauer 1955 durch seine legendäre und traditionell alkoholbeseelte Moskaureise befreite.

Dafür benetzte meine nüchterne Uroma diesem nach seiner Rückkehr am 14. September auf dem Köln/Bonner Flughafen die dargebotene Rechte mit salzigen Tränen der Dankbarkeit.

Meine Oma berichtete mir von der Begegnung mit den namentlich nicht bekannten Russen nur, dass es sehr laut und feucht und fröhlich zugegangen sei. Sie habe aber kein Wort verstanden.

Zwei Tage nach Abreise der beiden Russen entschlummerte mein Großvater friedlich und völlig unerwartet im gesegneten Alter von einhundertundzwei Jahren. Der zur Leichenschau herbeigerufene Hausarztvertreter Dr. Lebedew machte in der amtlichen Todesbescheinigung ein Kreuz bei „Natürlicher Tod", woraufhin sich die zuständige Abteilung der Kriminalinspektion Traunstein nicht genötigt sah, weitere Nachforschungen zu veranlassen.

Im September 2022 wurde in der Ostsee ein erfolgreicher Anschlag auf Nord-Stream 1 und 2 verübt.

Das macht mich nachdenklich.

Salzige Spurensuche auf der Reise zum weißen Gold

Kettengedicht

Diverse Autoren (siehe Seite 133)

Nach dem großen Erfolg bei der Anthologie 5 wurde auch 2024 wieder ein gemeinsames Schreibprojekt durchgeführt. Dieses Mal verfolgten die Autorinnen und Autoren Spuren des Salzes und schrieben in einem Kettengedicht, wo sie fündig geworden sind. Als literarisches Vorbild diente wiederum das japanische Renga oder Renshi, eine Kette aus Gedichten. Dabei handelt es sich um die Aneinanderreihung von Fünfzeilern, genannt Tankas. Ein Tanka besteht aus einer dreizeiligen Oberstrophe (Haiku) mit 5:7:5 Silben und einer zweizeiligen Unterstrophe (Matsuku) mit 7:7 Silben. Auf einer virtuellen Pinnwand fügten die einzelnen Autorinnen und Autoren ihre Fünfzeiler aneinander, wobei sie aus dem jeweils vorherigen Tanka ein Element (ein Wort, Bild oder einen Gedanken) aufgriffen und auf neue Weise fortführten bzw. weiterentwickelten.

Eine Rolle spielten dabei oft Bezeichnungen realer oder sagenhafter Orte, die in irgendeiner Weise mit Salz (Sole, Salzherstellung, Holzwirtschaft, Kurbetrieb) im Chiemgau und den angrenzenden Regionen zu tun haben. Das Salz, das in jedem Tanka explizit genannt oder erkennbar angedeutet wird, zieht dabei seine Spur durch das ganze Kettengedicht. Die sprachliche Gestaltung wie zum

Beispiel Groß-/Kleinschreibung oder Zeichensetzung und Syntax durften die Autorinnen und Auroren individuell wählen. Individuell ist auch jeweils die Sicht auf das Salz. Oder auf seinen Wert. Eine Spurensuche halt. Wir haben die Tankas in einer geographischen Kette vom Rupertiwinkel im Osten quer durch den Chiemgau nach Westen aufgereiht.

1

schroff und abweisend
bergen sie den Kristallschatz
seit uralter Zeit

Berchtesgadener Alpen
unerschöpfliches SALZ-REICH

2

Salzlagerstätten
geologisches Erbe
Geschenk der Natur

glücklicher *Rupertigau*
Salz, du weißes Gold.

3

Soleleitungen
weiter als das Auge reicht
befüllt von Pumpen

angetrieben von Wasser
aus den *Höhen der Alpen*

4

abends am *Hochthron*
tafeln die treuen Mandl
des greisen Kaisers

wunderwirkendes Ursalz
heilt im Loch des Vergessens

5

Endlose Rutsche
In den dunklen Schlund hinab
Mulmiges Kribbeln

Kinderlachen, unbeschwert,
Salzbergwerk, toller Ausflug

6

salzkammer alpen.
endliche unendlichkeit.
wieviel zeit bleibt noch?

aralsee. atacama.
salzseen trocknen aus. verlust.

7

Salz in der Wüste
vor vielen Jahrmillionen
war es gebildet

einst dem *Urmeer* entsprungen
wohin ging all das Wasser?

8

Dreihundert Jahre
bot die Saline *Traunstein*
den Menschen Arbeit.

Wer weiß schon, wie's den Frauen
in diesem Leben erging.

9

Heiz' den Ofen an
bringe das Salz zum Sieden
mach' die Pfanne heiß

In *Reichenhall* geht`s Holz aus
d'rum feuert man in *Traunstein*

10

Erst das Holz zum Salz:
zur Saline *Reichenhall*.
Raubbau an Wäldern.

Man erschloss neue Wälder
hin zur Saline *Traunstein*.

11

Das Salzkorn erstaunt
aus der Tiefe des *Stollens*
wässrige Lösung

dampfende Siedepfanne
auf knisterndem Holzfeuer

12

Unter Sudpfannen
der *Traunsteiner* Saline
verbrannten Bäume

des so lebenswichtigen
Waldes unserer Berge.

13

Im Salinenwald
starke Bäume, schnell gefällt,
triften auf der *Traun*.

Holzschaffer und Salzsieder
feuern die Sudpfannen an.

14

Salz in der Suppe
Die *Salinen der Alpen*
Ewige Würze

Arbeit für viele Menschen
Für das Salz in der Suppe

15

weiße Kristalle
Spezialsalz aus *Reichenhall*
blaue Verpackung

enthält Natriumchlorid
notwendig für das Leben

16

Auf einer Breze
kleben weiße Kristalle
Sie fallen hinab

Auf irgendeinen Teller
im *bayerischen Alpenland*

17

Reichenhaller Salz
morgens zum Ei beim Frühstück
das schmeckt mir sehr gut

Gibt Kraft und Schwung für den Tag
und ist sicher auch gesund

18

"Ein bisschen Kristall
aus *Bad Reichenhall* für dich?" –
"Ja gerne doch, her!"

Das Schnitzel schmeckt viel besser
und Schweinsbratensoße auch.

19

Salz und Pfeffer sind
Auf dem Burger meines Sohns.
Er isst ihn nicht auf.

Nimmt McDonalds eigentlich
das Salz aus *Berchtesgaden*?

20

Salz aus *Reichenhall*
im Kuchenteig. Warum nur?
Es verstärkt Süße.

Und spart so Zucker. Absurd.
Ein Widerspruch? Leben halt.

21

Salzige Wohltat
auf den *Chiemgauer Almen* –
Lecksteine fürs Vieh.

Im Online-Shop zu kaufen:
„Zuckerfreies Lolly-Lick".

22

Siebenmal bist du
sauer doch nicht vom Salzen
reicht um zu wissen

es muss falscher Geschmack sein
im Rachen Lied ohne Ton

23

Tief im *Berg* verscharrt
Unter Salzgestein-Brocken
Der kleine Körper

Ein aberwitziger Plan
die Brotzeit für den Vater

24

Wenn zwei ein Pfund Salz
essen, dann kennen sie sich
Russischer Volksmund.

Hunderte Päckchen in der
Minute. *Bad Reichenhall.*

25

Salzblumen im Eis
glitzern hell im Sonnenlicht.
Winterwunderland.

In Klimawandelzeiten
bleiben salzige Spuren.

26

Klassenausflug im
Heimatkundeunterricht
Salzmeierstiege

Saline Holztrift *Rechen*
fragende Kinderaugen

27

Weißer Bergkristall
geformt in Jahrmillionen
tief im *Höhlenschlund.*

Wunderwerk aus Salzgestein,
Schmuckstück unserer Natur.

28

Das salzreiche Meer
trägt geschundenen Körper
Heilende Kruste

Auf der entzündeten Haut
Aufatmen nach langer Qual

29

Wo der Brunnwärter
wohnte und seine Arbeit
tat für die Sole,

genießen jetzt Urlauber
ihren Kaffee im *Klaushäusl.*

30

Die Sole brach aus!
Der Verlust von acht Rindern
geschah in *Krainmoos*.

Der Bauer stritt vor Gericht
um Schadenersatz. Gut so.

31

Aus *Berchtesgaden*
und *Reichenhall* floss Sole
bis nach *Rosenheim*.

Herr von Reichenbach hat das
mit seinem Können geschafft.

Autorinnen und Autoren des Kettengedichts (Nr):

Karl-Heinz Austermayer: 17

Georg Berghammer: 13, 25, 27

Uta Grabmüller: 6, 8, 10, 12, 20, 21, 29, 30, 31

Daniela Häusler-Konrad: 14, 16, 18, 19, 24

Jo Holzhauser (Arnold Großegesse): 22

Sepp Obermüller: 2

Dagny Reichert: 5, 23, 28

Ingeborg Schmid: 9

Reinhold Schneider: 3, 7, 11, 15

Sybille Trapp: 1, 4, 26

Kurzporträts der Autorinnen und Autoren

Karl-Heinz Austermayer lebt seit 1982 in Grabenstätt/Chiemsee und schreibt Mundartgedichte „ganz oafach über's Leb'n" mit denen er seine Leser – manchmal schmunzelnd, manchmal nachdenklich – zum Ausspruch „ja, genau so is'" anregen will.

Petra Babinsky, geboren 1970 in Grabenstätt, schreibt vor allem Reiseberichte. Gerade die Begegnung mit Menschen bringt sie zum Nachdenken und animiert sie, ihre Gedanken aufzuschreiben.

Georg Berghammer, Jahrgang 1953, aufgewachsen in der Nähe vom idyllisch gelegenen Hofstätter See, kam über das Liedtexten zum Schreiben von Kurzgeschichten und Mundartgedichten. Seit nunmehr bald schon zwei Jahren ist er Mitglied bei den Chiemgau-Autoren e.V.

Gudrun Bielenski, geboren in Ansbach, aufgewachsen in Franken, lebt seit 24 Jahren im Chiemgau. Sie schreibt Kurzgeschichten, Theaterstücke und Romane für Kinder und Jugendliche. Sie handeln von Freundschaft, Mut, Vertrauen und dem bewussten Umgang mit unserer Umwelt.

Birgit Brill, aufgewachsen in München, lebt seit 40 Jahren im Chiemgau. Nach einer intensiven familiären und beruflichen Lebensphase schreibt sie nun unter anderem autofiktionale Kurzgeschichten und spielt dabei mit den innewohnenden Ambivalenzen.

Ralph P. Crimmann, geboren 1949 in Hersbruck, aufgewachsen in Nürnberg, Studium in West-Berlin, Kiel und Erlangen, Dr. phil., Gymnasiallehrer, verheiratet, Sachbuchautor, lebt seit vielen Jahren in Prien.

Uta Grabmüller, geboren im Schwäbischen und dann weitergereist ins Hessische, Englische, Russische, Berlinische, Oberbayerische und mehr. Überall dazugelernt und manches davon in 26 Buchstaben festgehalten. Sie schreibt Lyrik, Prosa und Sachbücher. Immer neugierig.

Robert Höpfner, geboren und aufgewachsen in München, lebt seit 1980 in Grassau/Chiemgau, Initiator des Literaturwettbewerbes ´Grassauer Deichelbohrer´. Er schreibt Lyrik, lyrische Prosa, Erzählprosa, Erzählungen und Essays, auch ein Roman ist dabei, bisher mehrere Buchveröffentlichungen.

Inge Hörauf, geboren 1949 in Neuburg an der Donau, mehrere Umzüge nach Regensburg, München, Hamburg, Düsseldorf, lebt seit 2003 im Chiemgau, schreibt seit der Kindheit Gedichte, Kurzgeschichten und, seit sie Enkel hat, Kinderbücher und Biografien.

Daniela Häusler-Konrad, geboren 1986 in Rosenheim, lebt und schreibt in Staudach-Egerndach am Fuße des Hochgern. Seit ihrer Schulzeit schreibt sie Prosa und Kurzgeschichten vor allem im Bereich Komik und Dystopien, satirische Texte und Dialoge.

Jo Holzhauser, Pseudonym für Arnold Großegesse, ist 1956 in Bad Aibling geboren, lebt seit 1982 vom Schreiben und seit 1990 im Chiemgau. Derzeit fließt seine Tinte hauptsächlich in konkrete Lyrik, moderne Balladen und surreale Kurzgeschichten.

Armena Kühne-Enzinger, geboren in Baden bei Wien, aufgewachsen in Bayern, zuhause in Anger, schreibt vorwiegend Kurzgeschichten. Das Genre sind heitere, ernsthafte und sozialkritische Erzählungen.

Irmelind Klüglein, geboren und aufgewachsen in Nürnberg, lebt seit 40 Jahren im Chiemgau, erfindet als Märchenerzählerin eigene Märchen, vor allem über geschützte Pflanzen. Schrieb ein Buch: Geheimwelten im Schatten der Gier. Liebt auch Gedichtform.

Hans-Peter Kreuzer, Rechtsanwalt i.R., ist am Simssee daheim. Hier und im südlichen Trentino lebt er seine Lust am Schreiben aus. Bisher hat er 15 Bücher veröffentlicht, z.B. seine Anwalt-Happinger-Romane, seine Fantasie-Reihe und seine Chiemgauer Mundart-Reihe.

Marion Liedtke, geboren in Bad Segeberg, aufgewachsen in Lübeck, erwachsen geworden in München und mittlerweile verwachsen in Prien am Chiemsee, lässt sich für ihre Texte am liebsten von den Bergen und am Wasser inspirieren.

MaxSy Multerer lebt am Alpenrand und ist von einer grandiosen Bergwelt umgeben, die sie mit Leidenschaft erwandert. Im Winter tauscht sie die Wanderschuhe gegen diverse Arten von Ski. Mit dem Schreiben von Geschichten perfektioniert sie ihr Glück.

Sepp Obermüller, geboren 1946 in Prien, wo er auch noch heute lebt. Seine Interessen sind breit gefächert und so schreibt er Gedichte über Politik, Umwelt, Philosophie und Gesellschaft, doch auch der Humor kommt nicht zu kurz. Zuletzt erschien von ihm „Das Gilgamesch-Epos – Die Heldenerzählung in Gedichtform".

Dagny Reichert, geboren in Marburg, lebt seit über 20 Jahren im Chiemgau. Ihre fürs Schultheater geschriebenen Jugendstücke zu sozialen Themen sind viel gespielt. Aber auch in ihren Kurzgeschichten wird ein gesellschaftspolitischer Ansatz zum Markenzeichen.

Wolfgang Rendl, 1966 im prosaischen Ludwigshafen geboren, seit der Schulzeit starkes Bedürfnis nach Poetischem. Vielleicht ein zu aufmerksamer Beobachter, doch gerne Satire als mildernden Umstand wählend. Dem Fernweh sich fügend, dienen Reisen oft als Impuls.

Ingeborg Schmid, Volkskundlerin, Romanistin, Berg- und Talmensch. In Tirol, Ruhpolding und überall daheim, wo`s fein ist. Schreibt in Ötztaler Mundart und Standardsprache, wissenschaftlich und populär, Lyrik und Kurzprosa - und alles, was das Leben verdichtet.

Reinhold Schneider, ursprünglich Altöttinger, dann vier Jahrzehnte Berliner, Frankfurter, Münchner, seit zehn Jahren auch noch Priener, liebt es, Erlebtes in schriftliche Form zu bringen, mal lyrisch, mal prosaisch, aber immer humorig.

Michael Schorr, geboren 1943, aufgewachsen im Chiemgau, Arbeitsleben im Rupertigau verbracht, jetzt im Ruhestand in Südtirol. Schreibt vorwiegend kurze, satirische Texte in bairischer Mundart zum hoffnungsfreien Umgang mit drohenden Katastrophen.

Josef Stadler, geboren 1955 in Traunstein, lebt dort noch immer. Im Ruhestand hat er angefangen, über seine vielen Reisen in alle Welt bebilderte Reiseberichte zu verfassen. 2021 erschienen seine „Reiseerinnerungen aus den 1970er Jahren“, 2022 die „Reiseerinnerungen aus den 1980er Jahren". Das dritte Buch ist in Arbeit.

Anni Stiegler schildert in ihren Kurzgeschichten bedeutsame Augenblicke im sozialen Miteinander. Nach dem unveröffentlichten Roman unter dem Titel „Rückwärts ist auch ein Weg" ist ein weiterer Roman „Töchter dürfe keine Geheimnisse haben" in Arbeit.

Sybille Trapp, aufgewachsen in Traunstein, wohnt in München. Fünfzehn Jahre lebte sie in Italien und Norwegen. Eine wichtige Inspirationsquelle für ihre Gedichte und Kurzgeschichten sind Erlebnisse in diesen Ländern, die sie abseits der Touristenpfade kennenlernte.

Register der Autorinnen und Autoren

Danksagung

Liebe Leserin, lieber Leser,

Sie halten den 7. Band der Anthologie-Reihe des Vereins „Chiemgau-Autoren e. V." in der Hand!

Unser Verein ist ein Angebot für alle Menschen in der Region, die sich für Sprache und fürs Schreiben interessieren. Dementsprechend sind unter den über 80 Mitgliedern Menschen mit unterschiedlichen Erfahrungen und Fähigkeiten – Laien und Profis –, die alle Folgendes verbindet: die Freude an und die Neugier auf 26 Buchstaben des deutschen Alphabets.

Die Vorstandschaft lädt deshalb immer auch ein, gemeinsam an Texten zu schreiben. Wir experimentieren damit. Und hadern sogar manchmal mit dem Satz: „Es ist der Ruhm oder das Verdienst einiger Menschen, gut zu schreiben, und das von andern, gar nicht zu schreiben." (Jean de La Bruyère, 17. Jhd.). Wir arbeiten natürlich dran, zur ersten Gruppe zu gehören!

Jährlich haben die beteiligten Mitglieder – neben ihrer individuellen Schreibarbeit – die Möglichkeit, sich mit Kurztexten oder Gedichten an einem Sammelband des Vereins zu beteiligen. Mit folgenden Themen haben wir uns bisher befasst:

- Band 1: 2018 „Trotz.Kollaps.Schreiben"
- Band 2: 2019 „Das Salz in der Suppe – sind wir!"
- Band 3: 2020 „Lesen für den Frieden"
- Band 4: 2021 „Zwischenräume"
- Band 5: 2022 „Chiemgau – abseits vom Weg"
- Band 6: 2023 „ausweg?los!"
- Band 7: 2024 „Salzige Spurensuche"

Unsere Anthologien sind der handfeste Beitrag des Vereins zu den jährlichen „Chiemgauer Kulturtagen". Mit Lesungen und Seminaren ergänzen wir unsere Kulturarbeit.

Um Texte auch wirklich zwischen zwei Buchdeckel zu bringen oder als E-Book veröffentlichen zu können, braucht es kompetente und zuverlässige Personen, die sich um die Organisation des Schreibprojekts kümmern, die Texte sauber für den Druck vorbereiten, Termine beachten und die ganze Sache im Auge behalten.

Als Vorsitzende des Vereins möchte ich im Namen der Vorstandschaft allen beteiligten Vereinsmitgliedern herzlichen Dank sagen, insbesondere

• allen Autorinnen und Autoren, die ihre Texte speziell für diese Veröffentlichung geschrieben und zur Verfügung gestellt haben,

- Sybille Trapp für die redaktionelle Betreuung, die Zusammenarbeit mit den Schreibenden, die Strukturierung der Texte sowie für die konzeptionelle Begleitung des Projekts über all seine Phasen hinweg,
- Gudrun Bielenski und Dr. Ralph-Peter Crimmann für das Lektorat
- und Dr. Reinhold Schneider für die Beistellung des Coverbildes, die Erstellung des Layouts von Buch und Cover sowie für alle erforderlichen Arbeiten bis zur Lieferung der gedruckten Exemplare.

Lesen Sie mit Freude die Texte und bleiben Sie neugierig.

Uta Grabmüller, 1. Vorsitzende